财富突维

童秣庭

著

图书在版编目（ＣＩＰ）数据

　　财富突维 / 童秝庭著 . –– 北京 : 团结出版社，
2020.1
　　ISBN 978-7-5126-7599-5

　　Ⅰ . ①财… Ⅱ . ①童… Ⅲ . ①中小企业—企业管理—
研究 Ⅳ . ① F276.3

　　中国版本图书馆 CIP 数据核字 (2019) 第 266733 号

出　版：团结出版社
　　　　（北京市东城区皇城根南街 84 号　邮编：100006）
电　话：（010）65228880　65244790
网　址：http://www.tjpress.com
E–mail：zb65244790@vip.163.com
经　销：全国新华书店
印　装：黑龙江艺德印刷有限责任公司
开　本：787mm×1092mm　　　1/16
印　张：12.25
字　数：190 千字
版　次：2020 年 1 月　第 1 版
印　次：2020 年 1 月　第 1 次印刷
书　号：ISBN 978-7-5126-7599-5
定　价：56.00 元

自 序

这些年很多人得了一种病，叫金钱流感病！

在这个物质飞速发展的时代，金钱充斥着部分人的头脑，让这部分人逐步走入"拜金主义"的景象里，甚至有些领域出现了"吹捧富人，讥讽穷人"的现象，鼓励人们要"金钱至上"。这些人就像得了"流感"一样，四处传染这种为"金钱"所困的疾病。

有的人深陷其中，被成功学绑架，被各种科技创业、移动互联网、风投上市等故事所影响。这时，他们的耳边就会有一种声音："赚钱！要赚钱！要赚更多的钱！"他们开始失去真正的自由，在金钱游戏中不断与他人攀比，进而产生自我膨胀、懒惰与不满足感，并持续不懈地追逐财富，从而引发高度压力、过劳、浪费及负债累累等症状。对金钱的执迷，对成功的渴望，对经济增长不可自拔地上瘾，在这过程中，他们迷失了自我。

我们究竟该何去何从？如何正确地看待财富、获取财富、保有财富呢？

每个时代都有每个时代的困惑，这些困惑也召唤着每个时代的风云人物。这些年，我做文化教育产业，见过各种各样的人，其中最多的是企业家，其次是文化人，另外就是形形色色的江湖人物。企业家与生意人最大的区别就是，前者胸怀信念，有坚定的精神，后者内心迷茫，又充满抱怨。

有些人可以带着一群人创下一番事业，能够在市场经济的大洗牌中存活下来，从这个角度来讲，他们肯定不是无能之人。但如果从另一层面来讲，他们的生活却不如众人想的那么如意。

如何才能解脱财富？明了才能解脱。明什么？明规律。宇宙有宇宙的法则，自然界有自然界的法则，同样，财富有财富的规律。财富的获取是一门学问。"财富"这个词，是一个十分迷人的字眼，没有谁不希望自己能拥有足够的金钱，让自己过上物质优越的生活。但是大部分人都不了解财富真正的规律，甚至在获得财富后，也不懂得如何持续拥有财富，最终一无所获。

其实，财富是一门非常精深的学问。世界上财富的运作有其严谨的逻辑和独特的规律，我们称之为"因缘生"。就好像一个鸡蛋煮熟需要很多条件，只要所有条件都具备，按照流程，鸡蛋一定会煮熟。同理，财富的获得也需要各个因缘的组合。我们之所以没有富裕起来，不是因为我们没有致富的才能和天赋，也不是因为我们没有碰上好运气，而是我们没能巧妙地掌握"财富"的因缘规律。

世上的一切，人人都有权利去获得它，只是你需要懂得如何去获得。财富不是靠运气，也不是靠投机，更不是靠天上掉馅饼，财富的获得是一门精密的，有待我们不断深入的学问。

人们常说"三十年河东，三十年河西""富不过三代"。到底有没有家族富过三代呢？

那些人做对了哪些事情，让财富延续世世代代的？

红尘中的贵族是如何形成的？

我们为什么不是贵族，或者不是贵族的后代？

有没有方法让我们成为贵族的祖先，首富的祖先？

在这本书中，我只是一个管道。我希望借由我这个管道将财富智慧分享

给大家，让每个人都能领悟到财富的秘密，从而使更多的人树立起正确的金钱价值观，真正地做到事业生活化、生活虔诚化、生命感恩化，让更多的人能够真正地拥有财富，驾驭财富。

感恩阅读这本书的人！

童秝庭

目　录

财富关系

大部分人在金钱的追求上往往很浅薄，看到市面上赚钱的行业，就被其表象所迷惑，然后迫不及待地跟着投身进去，但最终却一无所获，甚至还惹了一身债务。

而有一些人，他们似乎不管投资什么，财富都会源源不断地流向他们，这背后到底蕴藏了什么秘密？难道真有个财神爷在他们背后指点迷津吗？

有时候，我们的产品很好，我们的人很好，我们的初心也很好，但却不见得能够赚到钱。有人在做生意的过程中，虽然也赚到过很多钱，可是付出的是身心、时间和健康的代价。有的人，虽然有了一些钱，但却无法让钱持续不断地来，渐渐地又回到了原来的状态，成为无钱之人。或者我们总是在某段时间能挣到钱，可是没过多久，到另一个时间段又开始挣不到钱了。我们始终不能保证财富源源不断地流向我们。

这究竟是为什么？富人和穷人之间到底有什么区别？为什么每个人的财富差距这么大呢？

答案是我们与财富的关系出了问题！是的，财富关系！我们每个人财富的多少取决于我们与财富的关系。

什么是我们的"财富关系"呢？

举个例子：一个人想要很多水，于是他拿着一个杯子，到处去找水。见到一个水缸，于是用杯子拼命去装水，杯子满了，但他感觉不够，这不是他

想要的那么一点点。于是他开始，找有更多水的地方。当他看到一条河流，他很高兴，于是拿起杯子又开始装水，结果还是只有一杯水。他还是不满意，觉得是河流的问题，是自己运气不好，还要换地方，终于千辛万苦找到了大海。他还是拿手中的杯子去装水，很努力，但结果依然只装了一杯水。水就像我们的财富一样，当我们的财富很少的时候，我们应该指责并抱怨外界吗？

原因根本不在这个水缸，也不在这条河流，更不在大海，而是我们的水杯这个"财富载体"不够大，这个载体就是我们"财富关系"中的一个点。

有的人做的是化妆品，有的人做的是房地产，有的人做的是服装等，无论做什么，不同的行业，就好像是水缸、河、大海，而我们自身就是那个水杯。当我们的"财富载体"没有任何变化的时候，无论我们去从事哪个行业，无论我们的学历有多高，我们有多努力，并提升了多少能力，其结果都是不会变的。当我们生命中装财富的杯子，也就是载体不够大的时候，我们与财富的关系注定不会变化。

所以，决定我们当下拥有多少财富，取决于我们"财富载体"有多大。当然，这仅仅只是"财富关系"中非常重要的一个点，当我们开始去一步一步地了解并探索我们的"财富关系"时，才能窥见财富真正的奥秘。

当我们与财富关系好的时候，做什么产品、做什么项目都会赚钱；当我们与财富关系不好的时候，做什么亏什么，甚至当财富到达一定程度后，便停滞不前。还有一些人会在自己的"财富载体"里放许多的垃圾，把原本就小的载体变得更小了。

所以，当我们明白什么是"财富关系"后，一切都将发生改变。你准备好开始探索这本有趣的"财富书"了吗？

财富关系的核心

很多人都在讲，我往存折上多存点钱，会觉得很安心。其实，就算存很多钱也未必是安全的。就如我身边一个朋友，最大的爱好就是存钱，辛辛苦苦存了点钱，他爸一生病，瞬间钱就没有了，然后又继续存钱，存了点钱，又被亲戚借走了。他认为幸亏自己存了钱，否则到哪里去弄这么多钱来救急。于是这又强化了他存钱的信念，只为这内心的不安全感。几十年过去了，他的生活依旧处于不舍得吃、不舍得穿的状态，银行存款也没有增加多少，因为总有人会把他的钱花掉。

这就好像是家里停水，会用盆、桶、缸等来储存水，似乎这样就能解决水的问题。事实上只要水的源头问题没有解决，储存再多的水也会用完的。这就是很多人迷恋很多的存款、很多的房子，但依然不能解决财富问题的原因。

生活中这样的例子太多了，交朋友要交有钱的朋友，找对象要找有钱的对象，工作要最有前途的工作。赚了钱，就立即买车买房，最后成为炫耀的资本，好像这就解决了安全感的问题，可惜绝大多数情况下还是事与愿违。

我们不需要更多地置办盆、桶，而是要解决源源不断的水的源头问题，这才是核心。我们经常说水为财，水是什么形状？只进不出的水会变成什么样子？如果水不流通会怎么样？会发臭、腐烂。所以水需要流动才能鲜活，既然水要流动，那么财富是否也需要流通呢？

财富就像太极图一样，阴阳平衡，是进和出之间的流动关系。流通就意味着有进有出，而我们很多时候只管进不管出，甚至不知道钱应该出向哪里。

有了这个图，就要思考几个问题了：钱从哪进？凭什么进钱？进来后如何留住钱？凭什么留住？怎么花钱？如何让花钱的出口成为进钱的入口，甚至带来更多的钱？从而能够形成财富良性的循环发展，这是我们应该思考的问题。

进　　　载体　　　出

财富的本质就是流通，进和出之间，有的人只管着进不知道怎么出，甚至很多时候是被逼无奈的出。等到被逼无奈让钱出的时候，出去的钱就很难再回来了。

我们的焦点一直都是放在赚钱上，是点性思维，这个循环图给了我们很好的启示。绝大部分有钱人都是从没钱开始，而走向有钱之路。除了赚钱的能力，更重要的因素就是承载财富的能力，以及花钱的能力，这三者相辅相成，缺一不可。

陶朱公经商十八诀中用到了计然之策：财币欲行如流水。是说银子只有流动起来才能够产生效益，钱放着一动不动是一点价值都没有的。财富就像人的血液，血液只有在体内流动，生命才有意义。普通人与高手的差别就在于是被动的流动还是主动的流动，往哪里流动，如何让它智慧地流动。

财富如此，内心也是如此。人的内心只有流动得开，才不会在某个点上卡住，更不会被情绪所干扰，整个内心才是通透的，然后才能赚取财富。凡是成大业的人都是内心贯通的人。

因此财富关系的核心就是流动，在流动的过程中创造价值，从而实现水龙头的水源源不断地流出。

财富的本质

关于财富的事情，我们必须要想清楚，它背后的本质是什么。

当我们看到桌子，我们会说这是桌子，这是点性思维，因为只能看到一个点。那桌子的背后是什么？上升一维，你会发现，桌子是相，木头才是它的本质。再上升一维，木头的背后是什么？木头的背后是树。每个人看到的维次不同，结果就不同，也就是说我们在哪个维次，就只能看到哪个维次的相。

树的背后是什么？一层一层地剖析，才能看到本质。树的背后是种子。当我们透过桌子看到种子的播种成长，然后被砍伐成木头，最后被能工巧匠制作成桌子时，这就是智慧。所谓智慧就是事物发展的全过程及相，我们能够通过事物呈现的一个相，看到事物发展的整个过程。

这个推演的过程和我们的财富有什么关系？

我们绝大部分普通人看财富就只是看到一个相，无法看到财富的核心，也无法看到财富的全过程及相，所以很难全面理解财富，更不用谈驾驭财富。

宇宙有宇宙的法则，自然有自然的法则，财富有财富的法则，我们要获得财富，一定要知道财富背后的东西。

有的人穷一时，但有的人会穷一辈子，凡是穷一辈子的人是在财富的核心上没打通、没悟懂、没参透。普通人看到的是钱，那钱的背后又是什么？

1.创造价值是获得金钱的前提

钱是如何出现的？《道德经》中将万事万物有规律称为"道"，依道而行称为"德"。那么商有商道，商有商德。

人们在以物易物的时代，就已经有了用贝壳代表金钱来进行流通。演变至今，已有多次变革，从银两到纸币，再到我们现在手机里的数字货币（最常用的就是支付宝和微信），从中可以发现，货币是物物流通的媒介，也就是说钱本身并没有价值，只是价值尺度，用来衡量商品有没有价值、有多少价值，然后作为流通手段交换商品的价值。钱的本身没有任何意义，而当钱开始流通，并交换成我们各种所需的东西时，它的价值才呈现出现。实际上，钱就是一个充当价值职能的东西，是财产拥有者和市场关于交换权的契约。要想参透财富，就要明白世间的两大支点：我有和我需。财富就是在此之间的桥梁——价值。也就是说钱相当于价值。那就简单了，无论我以什么样的方式获得财富，那必然是以提供价值为前提的。

创造价值的过程才是财富的核心。有很多学员问我，为什么赚不到钱？为什么赚钱那么难？为什么投资来的钱没几年又没了？这就要回到商道上。金钱的来源是在流动的过程中创造价值，那么没有创造价值的金钱是进不来的，无论设计什么样的商业模式，最终都是以创造价值为基础，这就是很多人过度注重商业模式，而忽略价值的创造不能持久的原因。包括投资，无论投资什么项目，这些项目也都是以创造价值为核心的。所谓商德，取之有道，用之有道。

如，当我每天以 100 元来换你手中的 10 元时，你会很开心、很愿意与我换取。哪怕我没有任何商业模式，也不会影响我的生意。如果我每天用 10 元换你的 100 元，你肯定不乐意。而现在的人只考虑赚钱，从没想过我是否提供的是超出金钱价值以外的价值。马云曾说过："你今天有钱，你不一定对社会有贡献，但是你到今天为止还没有钱，只能说明你对社会还没有贡献。"

财富是如何从"我有"和"我需"之间变现的价值转化，这是需要我们探讨的话题，也是本书蕴藏在财富之中的规律显现，让我们看到财富变现的全过程及相，以及财富背后隐藏的秘密。

赚钱就是给对方提供比钱更值钱的东西来获得财富。那我们的产品、我们的服务、我们的项目、我们的产业是否能提供更多的价值呢？我们的商业模式、战略，甚至花钱是否都以价值来衡量，而不是以金钱的数字来衡量呢？一切商业模式偏离价值都是不可能持久的。

哪怕你今天要赚15个亿都是很容易的，但要思考的是，什么样的商业模式能够让15亿中国人获得幸福、获得快乐的价值？实际一个人给你一元，你就能获得15个亿。

到目前为止，我提供了什么价值？我给多少人提供过价值？我能给多少人提供价值？还要问一下，我能提供的价值是什么？这些问题都解决了，那么也就知道自己的财富在哪里，并且能拥有多久了。

财富只是你为社会所做贡献的报酬而已。

马云曾说："你解决的社会问题越大，你所得到的回报就越大，你的企业也会越大。你能解决多少人的问题就能影响多少人。"

2. 让钱发挥最大的价值

透过桌子我们看到了木头，透过木头我们看到了树。同样透过钱我们看到了价值，透过价值我们看到了责任。

钱的作用是价值的呈现，意味着钱是要流向它能发挥最大价值的地方。钱到了我们手上是否能价值最大化？如果仅仅是存钱，就等于钱发挥不了价值，它会贬值。一般人拿到钱用于买车、买房，他花钱的价值只在自己一个

人身上呈现，无法使得钱的价值最大化，所以钱也不愿意流进来。

一个人成家立业，有家庭的责任；做企业有企业的责任；员工有员工的责任；作为国家的公民，有公民的责任；作为社会的一员，有社会的责任。每一个个体享受权益的同时都有着相应的责任，对于金钱来说也应承担相应的责任，那就是让金钱发挥最大价值。我们获得金钱的同时有义务让金钱在更多人身上发挥最大价值，否则钱就会流走。

3. 良好的动机是持续赚钱的关键因素

我们进行了透过树看到种子、钱等于责任的深入思考，下面来探讨钱等于动机的问题。一颗种子是长成参天大树还是长成玉米，或是长成土豆，这是基因决定的。就像有的学员会问到一些财务问题，如为什么许多企业发展到一定程度就停滞不前？为什么有些人赚钱到一定程度就无法超越？为什么企业会经营到食之无味、弃之可惜的地步？为什么很多人越做越辛苦、钱越来越难赚、企业经营举步维艰呢？

这些问题只需要反问一个问题就知道答案在哪里。
当初你为什么创业？
开始时就已经注定了结果，种子的基因早已决定果实长什么样。

如，为己家。带着200个员工，动机是为自己买车买房，这是普通老板，所以越走越累，没几年就走不动了。
如，为几家。带着200个员工，动机是为了几个股东的分红，能走到什么程度？延长几年？
如，为大家。200人聚在一起成立一个场，为了名利，为了200人的利益，这又是一个什么动力？这个动力将持续多久？
如，为众生。集200人之能量，想着让世界变好，这又是一个什么样的场？能走多远？

我想答案不言而喻。种子的基因早已决定了结果。所以不是提升能力、给你机会就会成长。而是要善护念，守住自己的初心动念，动念那一刻结果早已预见了一半，动机的好坏是成功的重要因素之一。

北京同仁堂，是老字号，有 300 多年的历史，他们的动念在门口的对联上就能体现出来：

上联是：炮制虽繁必不敢省人工

下联是：品味虽贵必不敢减物力

秉承了他们祖先"修合无人见，存心有天知"的理念。即使无人监管，做事也不要违背良心，不要见利忘义，因为你所做的一切，天知，地知。

不要看我们做了什么，要看我们的起心动念是什么，动机的基因是成功的重要因素之一。企业准备发展多少年，发展到什么程度，自己都能推算出来。

智慧就是照见事物发展的全过程及相。一念起万相生，种了苹果的种子妄想得到个西瓜的果实。

4. 平衡各种关系，形成良性发展态势

宇宙的法则之一就是平衡性。身体的细胞需要平衡，细胞越平衡身体越健康，越有免疫力。所有的灾难从哪里开始的？地球失去平衡就会出现自然灾害；民族失去了平衡就会战乱。一切都需要平衡，良知和欲望的平衡，健康和工作的平衡，家庭和事业的平衡，财富和提供价值的平衡，个体和组织的平衡，个体与世界的平衡，获得的资源与贡献的平衡等。

如，组织的运转速度低于个人的运转速度，组织就会自动散去。

如，社会整体速度变迁，低于人的变迁，社会就会重组。

如，你所销售的产品提供的价值与获得的金钱是否是平衡的？如果你所销售的产品对他人的身体带来伤害，那就一定不平衡，这些钱就会留不住。

如，如果你做木材生意，就要考虑到自然生态的平衡了，砍伐木材有没有破坏大自然的平衡。

如，做公益，当你带着钱去帮助贫困山区的孩子，如果你把钱直接给孩子们，就会害了他们。这就好像告诉他们：只要继续穷下去，即使什么都不用干，也会有人给你钱。如果你能够通过一些途径，使得他们获得了知识和能力，从而自己去挣钱，那么他们的内心就会平衡。在新加坡，很多残疾人在一些公共场合，会兜售餐巾纸，这是一个特别好的举动，他们不是在乞讨钱，而是通过自己的付出获得报酬，这样的平衡使得残疾人在人格上能够健全起来，这才是公益的价值。

如，夫妻之间，如果有一方不管对方做了什么，总是在无条件地忍受，那么这样的关系就很难持久。因为这样的关系是不平衡的，只有双方站在平等的位置上，关系才能持久地维持下去。

人的一生都处于平衡中，平衡是我们一生都要做的修行。

5. 付出金钱是在表达感恩

当有人帮助了你，你会说什么？说谢谢，对吗？

"咖啡"理论知道吗？我们去咖啡店喝一杯咖啡，假设需要支付 30 元。让我们对这杯咖啡以及咖啡馆看一下全过程：从建设咖啡馆开始，需要大量的人力、物力、财力把房子建起来，然后再进行设计，进行装修施工，从地板、顶棚、墙面到装饰地毯、灯光、空调，再到桌子、椅子、沙发，最后软装等等。咖啡馆建成后，加上有人在天时地利中种植出咖啡豆，再把咖啡豆运到咖啡馆、研磨、烧制，终于煮成一杯美味的咖啡，最后优雅的服务员把做好的咖啡端到你面前。这期间要耗费这么大的工程才能品尝到这杯咖啡。当我们品尝了一杯这么美好的咖啡，我们应该做什么？是不是要感谢？于是用 30 元来表达自己的感谢。

当确认自己享受到了美好，并用钱来表达自己的感谢时，这时钱＝感恩。

如果没有这个感谢意味着什么？例如，你看到一双2000元钱的鞋，好喜欢，可是好贵。然后转了三圈回来一看，还是喜欢，咬咬牙买了下来。后来你逢人便说："哎呀，这双鞋一点儿都不值2000元，太贵了！"那这双2000元的鞋子你不仅没有享受到，你花钱的感觉还变成了痛苦和纠结。

钱予以用来表达感恩，而感恩不是为了别人，敬畏之心也不是为了别人，创造价值也不是为了别人。感恩和享受你所拥有的，你将会得到你想要的。

我有个朋友家里请了菲佣，身材跟我差不多，我朋友说："你能不能拿些不穿的衣服给我们家菲佣穿呢？"于是我拿了一些衣服给她。那菲佣一见我就兴奋地对我说："谢谢你！谢谢你！我好开心，你的衣服很适合我。"她这样一说，我回到家里翻箱倒柜把那些标签没拆的新衣服也都送给了她。

感恩和享受我们所拥有的，我们将得到更多。所以你感恩不是为了别人，是为了自己，是为了确认自己真的享受到了生命中的美好。

有些学员在创业中经常会说："这一路走过来，我都是靠我自己。"当一个人这样说的时候，就切断了所有的能量来源。这个人是孤独的，因为他没有感恩，他连接不上所有人的能量。哪有一个人是靠自己成功的？国家的繁荣昌盛，社会的和平，当下时代的机会，信息的便捷，以及一路走来身边的每一个人的相助，这一切的一切都是成功的关键因素，但他却看不见。

当你说靠自己的时候，也忘了自己优秀的品质来自哪里？有父母的言传身教。父母背后还有父母，还有我们的祖先。没有这些祖祖辈辈通过血缘的传承，我们身上这些坚强、勇敢、不放弃、勤劳等优秀的品质从哪里来？当我们感恩这一切，所有的能量都会加到我们身上，我们的载体也会变得更大。

当我们感恩国家，我国五千年的历史文化，五千年的信息都会成为你的助力；当我们感恩城市，城市就会给你力量；当我们感恩人，人就会给你无

形的支持；当我们感恩物，物就会给你能量。感恩的一切都会成为我们的财富载体，成为我们的能量体。

6. 赚钱要有敬畏之心

看到这样一则新闻：长春长生生物科技有限责任公司以涉嫌生产、销售劣药罪被查封。虽然不知道内情如何，但是让我想到了敬畏这个词。生产地沟油，生产三聚氰胺奶粉，生产问题疫苗，这已然是一个巨大的轮回，"出来混，迟早是要还的"，没有人能避开这个法则。我们很多人已经不知道什么叫敬畏，不敬天，不畏地，不敬祖宗，他们只认两样东西：权和钱。好像成功之路变成了两道窄窄的门缝：一个是权，一个是钱。于是，为了权和钱，人性携带的贪婪就达到了唯利是图的地步，就肆无忌惮，无所畏惧，为所欲为，想干什么就干什么，没有了底线。

是什么让我们失去了敬畏？

（1）从来没有去思考过敬畏。我们都很忙，忙得没有时间去和自己的良心在一起。

（2）我们随便惯了。我们对自己很随便，对自己的行为、语言、初心动念随波逐流，任性而为。有人拿自在做挡箭牌，随便不是自在，自在是心灵的放松，随便是任意不经心。

（3）目中无人。目中只剩下欲望，眼里只有"有用的"，"没用的"，看不到人，对生命没有敬畏。生命对每一个人来说，是唯一的，不可复制的。《论语》说："不知命，无以为君子。"不知命，视生命为草芥，不要以为用钱就能搞定一切，这是无知！要学会敬畏父母，一分敬畏十分庄严，一分庄严十分利益。当我们对他人有了敬畏，就会发现，每个人的背后都是一个圆满而高贵的灵魂。

（4）不敬畏自然。我们的祖先很早就对大自然有着强烈的敬畏，随着科

技的发展，人类以"征服自然，改造自然"为目标，让高山低头，让河水让路，以巨大的力量摧毁自然，在大自然中无节制地掠取各种资源的贪欲。天上的飞禽，地上的走兽，无所不吃。造成人类赖以生存的大自然自我调节能力衰退，森林减少、环境污染、海水上涨、冰山融化、沙漠蔓延、物种灭绝，一系列危及人类生存发展的问题开始出现。对那些我们人力以外的力量保持敬畏，行为上就会有所顾忌。

天地有定律，四季有成规，自然有法则。人类要敬畏自然。

（5）不敬畏时间。许多人都想用1年的时间获得别人努力10年的结果，其实这是在高估自己短时间的表现。大树长多高取决于树根有多深，人只有通过长时间的努力才能达到自己想要的结果。

（6）对场没有敬畏。把工作场当成谋生的冷漠场，把家当成随便释放情绪的烦恼场，把舞台当成随便讲话的练习场，对同事、客户、父母、爱人、孩子、舞台从没有敬畏过。没有敬畏就不会用心。尤其我们对熟悉的人，如对爱人，"我还不知道你是啥玩意"，一句话就把对方给伤害了；如对孩子，"我自己生的，想怎么教就怎么教"，直接就把孩子的灵给灭了。

（7）对环境没有敬畏。记得有一次带孩子住酒店，要出门时，我对孩子说："把灯关了吧。"孩子说："没事的，又不是自己家。"就是这句话，把社会环境给毁了，怎么不是自己家呢？整个地球环境都是我们生存的大空间。

（8）对钱没有敬畏。君子爱财，取之有道。现在很多人拿了不该拿的，得了不该得的，正当不正当的都敢要了。对钱保持敬畏，那些不该赚的，不该得的，要学会警戒，要有底线。有多少人天天晚上睡不着，有了钱而内心失去了平静，活在焦虑和恐惧里。钱怎么来的就会怎么走，不正当所得留下的都是祸，早晚都得还。

敬畏是人类对待事物的一种态度。敬：恭敬而专注，一种引人向上的力量。畏：惧，畏惧。敬畏不是让我们害怕，是行有所止。明代吕坤《呻吟语》云：

"畏则不敢肆而德以成，无畏则从其所欲而及于祸。"

敬畏好像我们去爬山路，路旁边的护栏，是一个警戒栏，提醒过栏危险。

孔子说："君子有三畏：畏天命，畏大人，畏圣人之言。"意思是举头三尺有神明，不可行可恶之事。自然、真理、规律都值得敬畏，承认有某个自己无法了解的事物存在，而且在发挥人力所无法阻挡的作用，不得不有所敬畏。

敬畏专治傲慢。一个人当事事顺利，甚至自我感觉比他人优秀时，就容易进入傲慢。就像公司培养导师，在灯光下受到万人瞩目，觉得自己很了不起，因为听到的都是掌声，听不到真实的声音，于是傲慢不知不觉中就产生了。当心生敬畏，傲慢就没有机会生长。

每个人身上都有一股能量，这个能量就是每天经历的累积，长期随便的人传递出来的也是不被尊重的结果。当心生敬畏，每一个生命都是庄严的，庄严之势长期累积就形成贵气的能量，也就是弯曲力，瞬间影响他人能力的能力。

心存敬畏，方得始终。

7.赚钱要有信仰

经常有人问我，我是如何坚定不移地从两个人的公司走到今天国际化的企业的？在创业过程中碰到的困难、碰到的疑惑是如何面对的？

我想这要感谢我智慧上的启蒙老师，他说我是一个有信念的人，这个信念一直支持我走过最难熬的黑夜。

很多人一说信仰就等同宗教，而宗教只是信仰的一种存在形式，还有哲学信仰、政治信仰、道德信仰、科学信仰等。

对于我坚定的信念背后其实是一种信仰，对光明的信仰让我超越现实，能够不为现实所困，不为世俗所扰，有远大的梦想，从而脚踏实地去践行。

信仰有什么用？

讲一个故事：有一天，一个肥皂商人来拜访神父，他们在散步时，谈到关于信仰的问题。肥皂商说："你看，你们的信仰有什么用，现在的社会还不是照样有那么多的犯罪、不公以及不尽如人意之处吗？"面对肥皂商一连串的诘问，神父一直笑而不答。

当他们走到海滩边，看到不远处有个小孩在玩泥巴，浑身弄得脏兮兮的。这时神父指着小孩对肥皂商说："你看，你们生产肥皂有什么用，这小孩的衣服还不是那么脏吗？"

肥皂只有在人们用的时候，它的作用才能发挥出来。信仰也是一样，它的价值是永远的，只有在人们去实践它的时候，它的价值才能发挥出来。

只要人往前走，就会有各种各样的问题，要么高度不够，看什么都有困惑，要么心境破碎，看什么都有问题，这个过程需要有个希望在引领。信仰不是信仰宗教，光明、真、善、美都可以是信仰。

信仰从字面意思理解：信是相信，仰是敬仰。信仰是一个人对某个对象（一个人、一个物、一种观点、一套思想）深信不疑，将它视为自我的精神支柱和生命的意义，在自我得意时心存敬畏、失意时有所企望，同时作为自己生活的信条、行为的准则，恪守它、实践它。

儒家是道德信仰：孔子认为君子应该敬畏天命，必须提高道德修养，所以孟子说："人之为人，与生俱来有四种常德——仁义礼智。恻隐之心、羞恶之心、辞让之心、是非之心，人皆有之。恻隐之心，仁也；羞恶之心，义也；辞让之心，礼也；是非之心，智也。"

或许我们很多人都没有明确的信仰，但至少有一点，我们用宇宙的自然规律，用真、善、美来引导自己的人生，不至于太悲惨。我们往往被某一个人、某一件事改变命运，如曾经被某一个人欺骗过，就好像所有人不值得相信，从此对什么都有怀疑；离过婚，就觉得婚姻不可靠，从此不再相信婚姻；小时候穷，被人看不起，就以钱来衡量尊严，没钱好像就不能幸福；看到有钱人欺诈，认为善良的人不应该谈钱等。因为某一个点而以偏概全，形成了世界观，从而导致自己命运的改变，这是最可悲的事。

有人问师父："信仰是什么？"

师父答："你走过大桥吗？"

"走过。"

"桥上有栏杆吗？"

"有。"

"你过桥的时候扶栏杆吗？"

"不扶。"

"那么，栏杆对你来说是不是就没用了？"

"当然有用了，没有栏杆护着，掉下去怎么办？"

"可是你并没有扶栏杆啊？"

"……可是……可是没有栏杆，我会害怕！"

信是感恩，仰是敬畏。不管我们是宗教信仰还是道德信仰，还是科学信仰，我们都离不开自然规律，离不开最基础的感恩与敬畏。

感恩万物，万物的能量回流在我们身上；感恩人，人的能量回流到我们身上。敬畏万物，万物有灵；敬畏生命，行有所止；敬畏人，庄严自己。

敬畏一切，并有所信仰，可保内心安宁。

财富的五个问题

一、想拥有多少钱

你在多少时间内想拥有多少金钱？然后把它写下来。很多人是不是没想过这个问题？或许会说："我想要赚很多很多的钱。"也有人说："我想开公司，我要创业。"还有人会说："我不想欠债。"今天我们可以认真地想一想这个问题，从而清晰财富的方向。

有的人创业的过程是从一无所有开始，没有背景，没有后台，没有钱，没有资源，没有经验，但这并不影响他们走向成功。比如一些名人在创业的时候都没有钱，那他们是怎样从没有钱到开创一份事业的呢？这个才是值得我们研究的，而不是像很多人以为的那样，要先有了钱再去做事业。很多人说："等我有钱了我一定去做公益。"实际他这一辈子都不会做公益。所以不是等你事业开创出来后再怎么样，而是要仔细探寻财富从没有到有这个过程，这些成功人士是如何积累的？他们是如何走向辉煌的？

你说："我想要更多的钱。"什么叫"更多"？你明明今天比昨天多了一块钱，不是已经多了吗？可你还是很痛苦，说这不是我想要的。好吧，如果你想要改善财富关系，那就先明确地写下来：你到底要多少钱？你想赚多少钱？你甚至可以定 1 年、2 年、10 年或者这一辈子你想要多少钱，每个目标都必须要有量化，要有数据。

如果你不知道自己真正想要的是什么，你绝无可能到达。例如：你上了一辆出租车，司机师傅问你去哪时，你说往前走。司机师傅问你往前是哪里？

你说往前就行了。请问你能到达目的地吗？

再如，你上了一辆出租车，司机问你去哪，你说不要去机场，不要去火车站，但司机还是不知道你要去哪里。你要知道，你到底要的是什么，你才能到达你想要到达的地方。

无论你想要多少钱都不是问题，财富从本质上来讲，1元和1个亿都是一样的，关键是要明白到底要的是什么。

二、为什么想拥有这些钱

为什么要比要什么更重要？

我们以为自己知道想要什么，可是真正实现了以后，才发现这根本不是我们想要的。为什么很多人很努力去做事，而且实现了，可结果却是这不是我想要的。有多少人活在"这不是我想要的"结果中？

有一个富二代，想要买一辆玛莎拉蒂。我问他："为什么要玛莎拉蒂这辆车？"一开始他反应不过来，或许他也没想过为什么，后来他说："有了这辆车就很有面子，很有成就感，别人就会高看我，尊重我。"这个回答很明白，他不是要那辆车，而是要车给他带来的荣誉，给他带来的被尊重的感觉。

当明白要的是尊重，那么有没有比买车更好的方式来获得尊重呢？如果明白这一点，花几百万买一辆车获得尊重，远远不如花在包装头脑上，当头脑有智慧的时候，才是真正被人尊重的时候。

要什么都没问题，问题是先清晰为什么要。

三、怎么花这些钱

将如何花自己所拥有的金钱呢？至少要知道自己是往北去还是往南去，上了出租车不能只让司机带着往前开，往前开不能到达自己想要去的地方。

有人说，我有了钱就买车、买房，给孩子存点儿钱，给父母孝顺的钱。

前面讲到钱等于动机的时候，就已经很清晰，基因是决定结果的重要因素之一。如果只是把钱花给家里的几个人，那么出口就太少，所以入口也会很少。

当年周文王问姜子牙："我如何获得天下，你有什么治国方略吗？"姜子牙一句话就让周王朝延续了 700 多年，成为中国历史上最长的朝代。姜子牙说："与天下人分享天下人之利，就能获得天下。"天下非一人之天下，乃天下人之天下。独享天下人之利的人，就会失去天下。

同样做企业、带团队，获得的财富只想用在自己身上，那么钱就进不来，也没人愿意让你进钱。心里装的人越多，入口就越多。想着自己的团队，想着自己的客户，这些出口的地方放大就会让入口也变大。

也有人说："等我有 100 个亿，我就拿出一半来做公益"。我问他："你现在一个月工资多少？"他回答："一万。"我继续问："那你现在拿出一半做公益了吗？"对方回答："没有。"当收入是一万时，都不愿意拿出一半，甚至连十分之一都没有拿出做公益，那么谁会相信他有了 100 个亿能拿出一半做公益呢？

这就是普通人的思维，等有了钱就做公益。真相是反过来，是你先做了才会有。何况，一个人连 1 万都驾驭不了，如何能驾驭 100 个亿？

四、凭什么给你钱

这个社会，这个世界，这个宇宙，凭什么给你钱？

有人答："因为宇宙爱我。"那么它凭什么爱你呢？这句话只是一个概念，前提是你一定呈现了什么？或者做了什么？如果你真的知道了那个本自具足的层面，那个更高的宇宙层面，财富的确是圆满不缺的。

当一个人的精神层面更高时，他就不处在生活层面了，他会到生命层面，然后再到灵魂层面，他解脱了，他知道财富对他来说是没有任何意义的，财富在他看来只是从此岸到彼岸的一个媒介而已。那我们自己是否已经到达了那个精神层面呢？就怕你以为你已经到达，其实你内在根本不相信自己是圆满的。

当你真的相信宇宙跟你天人合一，那就一定不存在"更好"。如果你觉得还存在"更好"的时候，就意味着你是有期待的，你当下这刻是不圆满的。所以，这是我们要解决的，也就是当我们还没有进入圆满状态的时候，我们如何去解决"金钱"这个问题？如果你真的体验到世界是圆满的，你绝无可能出现"更好"这个词，因为你当下这一刻就是最好。

这个世界凭什么给你钱？就像你去公司找财务总监要钱："财务总监，你给我100万。"财务总监会问："凭什么给你？"

同样，全世界有70多亿人口，为什么宇宙要给你钱呢？

凡是心中能够回答这四个问题的人，财富关系就差不到哪去。

财务总监在什么情况下会给你钱？假如我给公司每个人的收益都能增加10倍或20倍以上，财务总监就要考虑要和董事长去商量怎么给你钱了。

五、通过什么渠道实现

其实这是一个非常有意思的问题，它背后蕴涵了很多东西。宇宙究竟会通过什么渠道给你钱？还是我们的头脑设定了钱一定要通过某个途径进来？

你认为你的财富渠道来自哪里？把这最后一个问题的答案也想一下，然后写出来，你可以夹在书的最后一页，当你看完这本书，然后再对比一下，你就知道你的财富危机在哪里了。通过这本书，我希望每个人都可以一步一步解决财富问题，实现金钱自由。

谈钱一点儿也不俗

一、士农工商，为什么商排在最后

"士农工商"是古人按照为社会贡献大小的顺序来排列的。

1.士为何排第一？"万般皆下品，唯有读书高"，立德于心，建功于世，宣德功于言，泽被后人。

2.农为何排第二？"仓廪实而知礼节""民以食为天""家有余粮、心里不慌"，尤其在以农业为主的国家。

3.工为何排第三？"欲善其事，先利其器"，借助工具可以提高效率。

4.商为何排第四？商是互通有无，必依赖他人而后能行。只可少数参与，如果大家都去经商，都去依赖他人，则无人可以依赖。商的地位排在末尾，有不禁止又不提倡的深意。

二、古时商人为什么排在最后

1. 当时商业的环境因素

商品最需要的地方，往往也是交通最不方便的地方。因交通不便，风餐露宿，环境条件更不好，还可能遇到盗匪山贼，有生命危险，最主要是一出门就是一年半载无法归家，这种生活实际上是很艰苦的。而这种少量的零售也基本不会有大利润产生，因此在古代商人从事的工作是最辛苦，也是最没人愿意从事的。

2. 中国庞大的人口决定了以农业为主导的社会

商人不像农民直接从事生产活动。普遍认为商人并没有直接去创造价值，不事生产，投机倒把，为了阻止社会上的人都去经商，都去倒买倒卖，

从而导致务农、做工、从事生产活动的人数变少，所以几千年来，中国古代官方一直对商人进行压制。

3. 商人不便被国家管理

农民通常有固定的居所，不能随便离开居住地，便于征兵打仗。而商人则有很强的流动性，不容易收税，且影响社会稳定。他们在各个村庄间游荡，还能因此获得巨大的利润，所以他们对封建秩序来说是一个巨大的威胁。

4. 商人的买低卖高，普遍认为商人重利

古人通过生活经验，感觉到的不是商人对社会的贡献，而是他们对社会的剥削：商人总是买低卖高，赚取差价，从中剥削民利；他们囤积居奇，哄抬物价；他们奸诈狡黠，巧舌如簧；他们以次充好，贩卖假货，认为商人狡诈，不事生产而徒分其利。

5. 对统治者的影响

大商人积累了大量的财富和货物，尤其乐于囤积粮食、盐、铁等古代重要物资。囤积这些货物对封建社会经济的稳定也是一个巨大的威胁。因为以上种种原因，所以古代帝王不约而同都采取了限制商业、贬斥商人的政策。

6. 商人的贪婪

商人强大到一定程度时，便要求更多的权利，于是官商结合，影响封建帝王的权力。

如，在欧洲，商人强大到一定程度后，就提出要限制王权，认为王权不能比私有产权更高。这就是著名的"私有财产神圣不可侵犯"的观点。

对于中国古代的帝王来说，重农抑商是一个能保证皇位长久的正确政策。

7. 二元对立的价值观

以往中国人的观念，义和利是对立的，要讲义就不能讲利，得利了就不义了，富了就是为富不仁、无商不奸、不义之财，所谓"饱暖思淫欲"，这些观念普遍存在。总之，富与仁、义与利是对立的。所以中国人历来认为，不患寡而患不均，不怕大家穷，只要人人平均。

　　我一直提到，赚钱要平安，花钱要喜悦。商人为什么排在最后一位，因为商人把利放在第一位。作为企业家，必须把完善社会、促进社会、影响社会放在第一位，那士农工商，商一定能排在前面。

龙的传人

中国的历史告诉我们，中国人是很会赚钱的。我们的祖先很早就研究宇宙规律、天文历法，他们运用宇宙规律来指导生活。

道生、德畜、物生形成现象。象呈现后，人可以用符号标识这些象，便有了符，符更进一步演化就成了文，以文字承载大道，教化百姓，便有了化，文化就出现了。中国的甲骨文都是通过这些象而产生的，每一个甲骨文字里都是一部哲学。而我国最早的典籍《周易》，就提供了一种世界观和方法论，它用最简单的符号系统，来认识、概括、掌握和阐释不断变化的现象背后永恒不变的本质规律。于是人类就根据自然的规律开始指导耕作，用于生存和生活。

老子的《道德经》中说宇宙存在着一个亘古不变的永恒大道，人行于道上叫作德。现代很多人看不懂我们祖先的文化，由于父母那一辈的文化断层，以及文字的简化，难以理解那些精要。真正要理解《道德经》，要把文字回到甲骨文的字体，再去理解经文，方可有机会悟道。而我们生活中需要的智慧都在经典教义当中，全部都有，就会发现我们的华夏文明实在是太伟大了。

如果老子的思想是应天，那么儒家的文化就是应人，是通过行为纠正我们如何能守道，如何在尊重自然规律和宇宙规律的前提下，了悟大道文化。

那么，这些跟我们财富有什么关系？正是因为我们有文化，所以我们历代都不差钱。全世界的贸易，是做不过我们的。龙的传人有智慧、韧劲、顽强、勇敢、吃苦耐劳、厚重等优秀品质，这些品质都是托起财富的。

过去为什么会闭关锁国，就是因为我们的繁荣昌盛，我们的自给自足。

后来贸易的发展，英国人与我们做生意做不过我们，我们的丝绸、茶叶换来财富，而他们从我们这里换取的财富很有限，于是就用鸦片来逆转贸易差。

从这些我们就会明白，我们先天的信息里有着财富的基因，这也是近三十年，国家经济发展如此迅速的原因之一。

问钱为何物，直叫人头破血流

对于钱我们是如此的矛盾，既喜欢又羞于启齿，既渴望又不屑。从小的教育里也很少客观地去谈钱。一说到钱，一定会听到有人说："要那么多钱干什么，钱又买不来幸福。"仔细想想，这个话是有问题的。这是一种非此即彼、二元对立的思维模式。我们中国人最熟悉这个了，叫作鱼和熊掌不可兼得。受二元对立的影响，要么好要么不好，要么对要么错，不是左就是右，所以大家对钱的看法都过于对立。

努力赚钱并不可耻，钱本身是干净的。不同的用途才赋予了它新的使命。对于君子，它是取之有道；对于贪婪者，它是得寸进尺；对于情义，它是黄天厚土；对于背叛，它是忘恩负义。

1. 儒家对钱的看法：君子爱财，取之有道

子曰："富而可求也，虽执鞭之士，吾亦为之。如不可求，从吾所好。"（出自《论语·述而》）

孔子说："如果富贵合乎于道就可以去追求，虽然是给人执鞭的下等差事，我也愿意去做。如果富贵不合于道就不必去追求，那就还是按我的爱好去做事。"

孔子在这里又提到了富贵与道的关系问题，只要合乎于道，富贵就可以去追求，不合乎于道，富贵就不能去追求。从此处可以看出，孔子不反对做官，不反对积累钱财，但必须符合于道，这是原则问题。孔子表明自己不会违背原则去追求富贵荣华。

2.道家对财富的看法

《道德经》说："金玉满堂，莫之能守；富贵而骄，自遣其咎。功遂身退，天之道也。"

意思是说：量器而容，则无忧。你需要的财富，取决于你的容器有多大，超出容器的容量就会满溢出去，并不是你想掌握就掌握的。从古至今，哪有不消失的功名？哪有不消失的富贵？从贫贱中拔地而起，又从富贵之巅轰然倒塌。功名富贵和万事万物一样，都有自己的循环规律，有着自然而然的周期。《道德经》并不反对人持有财富，也不提倡让人过清苦的生活。

3.犹太人的金钱观

诚信是一切的根本。

犹太人在经商中最重视的就是"契约"。在世界范围内，犹太人的诚信是有口皆碑的，一旦和他们签订了契约，不论发生任何问题，他们是绝对不会毁约的。犹太人认为"契约"是上帝的约定，所以，有时犹太人之间相互做生意连合同都不需要。

犹太人的观念中，赚钱是天经地义的事情，一点儿也不避讳，也不会用理想之类的话来掩饰自己的真实目的。同时他们认为，只有赚钱的智慧才是真正的智慧。

在经典教义里，钱本身没有错，何况拥有较多资源的人比没有的人更能多行善事。这取决于如何获取财富，是否取之有道；取决于如何承载财富，是否厚德载物；取决于如何使用财富，是否使社会贡献最大化。

钱本身没有任何意义，既没有好也没有不好，就像"为富不仁"是我们对文化了解过于片面，断章取义。滕国国君想实行仁政，他虚心请教孟子怎样实行仁政。孟子说想一心发财的人是不能实行仁政的，就是说"为富不仁，为仁不富"，实行仁政的君主征收赋税是有限度的，只有老百姓富了国家才能富强。用于当今社会就是员工好了，自己才会富有；客户好了，自己才会获得财富；心里为多少人着想，就能获得多少财富；为社会贡献多少，就能得到相对应的回报。

　　努力赚钱并不可耻和悲哀，赚钱本身也没有对错，可怜和悲哀的是人对金钱的看法与观念，以及对待金钱的方式。财富与幸福并不对立，金钱与高尚并不背道，金钱与道德并不分离，重要的是人是否真心愿意分享，真心乐见每个人都成功。越真心，在心中种下的种子就越有力，结的果实也一定特别甜。

　　麦克尔·罗奇格西说过一段话："我们应该享用金钱。"换句话说，我们应该知道如何能一边赚钱，一边保持身心健康！

如何看待金钱

钱到底是什么呢？是一张印有图案的纸吗？如何看待金钱？有没有觉得它是万恶之源呢？

我们看看学员们是怎么看待钱的？
●有钱可以过上自己想要的生活
●有钱可以随心所欲
●有钱就意味着地位、权威，有更多的选择
●有钱爸妈就喜欢我
●有钱就有安全感
●有钱可以实现自己的梦想
●有钱等于健康
●钱不是好东西
●钱是万恶之源

所谓百金财富一定是百金人物，千金财富一定是千金人物，不同的看法一定会有不同的结果。穷人有穷人的思维模式，富人有富人的思维模式。

我们为什么会形成各种对钱的看法？
第一，身边人的影响。
贫穷的父母，会告诉孩子，赚钱很辛苦，家里很穷，要节省等观念。
如，《穷爸爸和富爸爸》这本书，穷爸爸说："孩子，你要好好上学，将来找一份好的工作。"而富爸爸说："孩子，你要好好上学，将来很多人要靠你工作。"父母灌输给孩子的观念，影响孩子的一生。

第二，社会环境。

无商不奸。好像做商人就应该要奸诈，变得算计，要唯利是图。

古代买米的时候，商家会把米斗里的米抹平，以保证充足。成交之后，商家会另外在米斗里加点，形成一撮"尖头"，尽量让利。量好米之后再加点，很让客人受用，故有"无商不尖"之说。到了宋朝，文人为了打压那些不法商人，嘲讽商人，才把无"尖"不商改成了无"奸"不商。

第三，自己亲身经历。

有的父母为了钱争吵，孩子会觉得钱会带来争吵。

去有钱人家做客，被有钱人看不起，孩子会得出结论：有钱人都高高在上。

有的父亲在有钱后背叛了家庭，孩子会得出结论：男人有钱就变坏。

父母带着孩子逛街，孩子看到一件玩具很喜欢，父母认为太贵了，不给买，于是孩子得到的信息就是：父母的收入不足以支付昂贵的玩具。

有个学员小时候，看到其他小朋友都买棒冰吃，于是他去找妈妈要钱买，他妈妈很忙，理都没理他。他使劲儿拉着妈妈的衣服说："妈妈，我要买棒冰吃。"他妈妈发怒了，将他暴打了一顿。他便有了"钱是可耻的、钱会带来灾难"的认知。

另一个学员小时候，偷了家里 10 元钱，他爸妈发现以后，二话不说把他暴打了一顿，于是他得到了这样一种认知：钱会令我痛苦，会伤害到我。以致后来他做生意的时候，钱一进来立即就花出去，因为他觉得钱多了就会有痛苦的事情发生。

这些亲身经历，会使一个人对金钱形成偏激的观念。而这些观念会深深地藏在人的潜意识里，时刻影响着他。但大多数人却毫不知情，反而一直在努力寻求财富，一直在抱怨自己为什么挣不来钱，却不知道财富的种子在自己很小的时候就种下了。

潜意识中的认知

什么是财富的潜意识？

潜意识与意识有什么区别？它们之间的关系可以用一幅画来表现：

一个人骑在一匹马上，人要去东面，马要去西面，而人又驾驭不了这匹马，最终人被带向哪里？当然是被马带去了西面。

这人就好比是意识，马代表潜意识。一个人很渴望要获得金钱，可是潜意识说：钱是脏的，你是个好人，你怎么能要脏的东西呢？所以钱就不能流进来，你就被带向没钱的方向。

这也是很多人不愿说谈钱的原因，因为他的潜意识当中对钱有着负面的定义。好像谈钱就不高尚了，谈钱就是贪，谈钱就是堕落，谈钱就是无耻，好人怎么能这样呢？所以不愿谈钱。

有学员在课程现场，做潜意识修正练习的时候，找到了一个原因。他说："我有个亲戚得了癌症，化疗的话只有半年存活时间，不化疗还可以活一年。还有另一个办法，就是去香港进行免疫治疗，需要200万，大约能活5—6年。"这笔钱对于他的亲戚来说是天文数字，根本拿不出，于是他得到了一个认知：没有钱就没有健康。

这件事引起了这名学员内心的恐惧。如果内心恐惧，就一定会产生恐惧的结果。这个案例背后的含义是什么？如果认为有钱就等于健康，那意味着今后赚到的所有钱，都会用来养身体，而宇宙就会不断地让你生病，从而把

你的金钱消耗掉，这就是恐惧种下的因。

也有学员看到自己身边的人因为赚钱付出了健康的代价，甚至不能陪伴自己的家人。于是潜意识中便认为有钱是要付出很大的代价的，所以为了不付出这样的代价，就不要有钱。

还有的人小时候因为家里穷交不起学费，被老师当众羞辱，或者偷父母的钱买零食，被当众狠狠地打，这些行为在潜意识中都会留下这样的认知：钱会带来耻辱，钱会带来灾难。所以这些人很难把钱留住。甚至有的人赚钱就是为了证明自己，因为曾经被有钱人羞辱过，被有钱人看不起过等。证明不可怕，可怕的是你不知道自己一直在证明。

这些案例数不胜数，绝大部分的人根本没有意识到阻碍自己财富关系的，很可能是小时候的那些经历在潜意识中留下的认知。

限制性心念

能摧毁一个人财富关系的，还有内心的限制性心念。

有一年，我去一个朋友的店里。朋友拿出展柜里的一串沉香的佛珠，要送给我。那时候我事业刚刚起步，没有钱，实在不好意思收，所以我坚决不要。我认为我什么都没有做，怎么能拿别人的东西呢。我朋友却非常热情，推来推去，一定要我收下。

从那以后，我就开始研究什么是财富，开始研究这些行为背后的心念。

当我开始深入研究之后，发现原来人们小小的一个行为背后都有着很多不可思议的想法。

第一，别人帮我，我受不起这个人情，将来要付出更大的代价去还，因此别人对我好，我将来是不是要付出更多？

第二，别人帮了我，我是不是觉得别人在施舍？别人给我这么贵重的东西，是不是别人很高我很低，感到很没面子？

第三，我没有做什么，我不配得到别人的恩惠。

限制性心念，就是明明想要，但又非常拒绝。不是说我们理所当然地应该得到他人的帮助，而是如何欣然地接受别人的恩惠。

很多人都出现过这样的现象：当自己特别想要的东西突然出现的时候，内心非常想要却又非常抗拒，因为不相信，觉得这是不可能的。

我们有一个学员，她的资产上亿，而且每年还在增加。虽然她拥有这么多财富，但她从来不去商场买衣服。她不是不想去买，而是不好意思去买。按常理来讲，她拥有这么多的钱，衣服也应该穿得好一些。但她的潜意识里

有不配的认知，因此只能把好看的衣服放在衣柜里，只穿当年创业的那些旧衣服，或者是和大家差不多的衣服，这样她才觉得自在。

她这样的行为，其根源来自哪里？是什么让她有了这种不配的认知？

在她十几岁的时候，家里特别穷，洗头发都是用洗衣粉。用洗衣粉洗出来的头发干巴巴的，她很羡慕别人用洗发水洗头。于是攒了很长时间的零花钱，去买了洗发水，结果被父母发现后狠狠地骂了一顿："你怎么能乱花钱呢？洗衣粉不能洗吗？你怎么会买这么贵的东西？这是我们能用得起的吗？"

于是，从那一刻起，所有美好的东西跟她都没关系了，在她的心中形成了一个认知：自己没有资格，也不配拥有美好的东西。生活中她唯一要做的事情就是赚钱，至于自己形象如何，再也没考虑过。

这些限制一些人拥有美好的心念种子，让他们丧失了资格，使他们不能拥有美好，同时也在扭曲他们的心灵。有的人因为小时候家里穷，长大后便拼命买名牌，好像在告诉别人我不穷了。

还有这样一些案例：

有一个人小时候在过年前买了一双靴子，他特别喜欢，在大年三十的晚上，就把鞋子脱下来洗了，然后放在火炉子旁边烤干，决定大年初一再穿。结果第二天醒来，靴子被火炉给烤坏了。从此以后，他的家里最多的就是鞋，甚至后来从事的行业也是鞋店。就像有些人为什么喜欢买衣服，很可能是小时候没衣服穿，经常捡哥哥姐姐穿小的衣服，后来就变成对新衣服的执着。

有几个男学员，不胖，但是肚子有点儿大，不知道背后的根源，就会觉得很正常，直到后来才发现，原来小时候看到有钱人的肚子都是大大的，所以潜意识中认为有钱人都是肚子大一点儿。

　　我们每个人都有很多限制性心念，当这些心念根植在我们潜意识里的时候，如果不能有效地祛除，其结果就会完全失控，并往相反的方向发展。所以在课堂上，最重要的就是通过练习去纠正财富信念。

世界观与真实的世界

人为什么痛苦？人的痛苦来自哪里？

如：借钱给别人。有时候，将钱借给别人，数额很大，可是别人不还。这个时候你会难受、痛苦、愤怒。为什么痛苦？是不是觉得钱是自己的，他应该还钱，但就是不还。我们看到了中间有个词语："应该"。

结婚的时候承诺过：爱对方爱到海枯石烂。20 年后，当关系破裂，女人会说你不是承诺过一直爱着我吗？这里有一个前提假设，女人认为男人"应该"一直爱着自己。

所以，当别人借钱不还，当遭遇到分手离婚，大多数人为什么难受？就因为"应该"。我们永远都处于这个"应该"中。

在这个世界上，借钱给别人，有的人会还，有的人不会还，这才是真实的世界。既然真实的世界中有人借钱还，有人借钱不还，所以为了让这个社会秩序良好，人类就制定了一个道德标准：借钱"应该"要还，有借有还，再借不难。而这个"借钱应该还"是存在于我们头脑里的世界观，不是真实的世界。

所以我们的痛苦来自于我们头脑里的世界观与"真实的世界"产生了冲突。我们的世界观是借了钱应该要还，不还也要有个理由。而"真实的世界"是有人借钱还，有人借钱不还，甚至有人借完钱完全不给个说法。所以，当我们的世界观和"真实的世界"不一致的时候，痛苦就产生了。

人生的问题就是不去解决能解决的问题，非要解决不能解决的问题，所以才有问题。真实的世界就是有人借钱还，有人借钱不还，这个我们无法改变。不能改变，那我们能改变什么？是我们自己的世界观，也就是我们对世界的看法。

人生只有三件事：自己的事；他人的事；老天的事。自己的事要全力以赴；他人的事要尊重和接纳；老天的事要臣服和敬畏。我们往往不管自己的事，非得去管别人的事，从而痛苦。

借钱应该要还，老公就应该爱老婆，孩子就应该听话……我们总是用自己头脑中的"应该"来判断这个世界，用我们自己的世界观去对抗真实的世界。我们之所以产生情绪，不是因为这件事有问题，而是源自于我们对这件事所产生的看法导致了情绪。而对这件事的看法来源于我们大脑中以为的世界。

我们如何看待世界，世界就会不断调整和适应我们对它的看法。就像今天你是如何看待钱的，钱就会印证你所看到的。那我们到底该如何看待钱呢？往往嘴上说的只是大脑知道的，并不是内心真实的东西，并不是那些能看见的，往往影响我们的都是头脑里的世界观。"应该这样做才是对的"，那只是我们的世界观，不是这个真实的世界。所以从今天起，我们要全方位地看待金钱，看到真实的金钱世界，而不是停留在自己头脑中的世界观，这样才能正确地去处理财富关系。

如何拓展世界观？前面说过了，别人借钱不还我们就痛苦，结婚的时候明明承诺了爱到海枯石烂，对对方永不变心，可是男人在外面怎么还有个女人？这才是真实的世界呀！因为我们的痛苦来自于结婚的那一刻我们头脑中形成的世界观：永远不变心。可真实世界发生的事情是对方变心了。我们的世界观和真实的世界发生了冲突,痛苦当然就来了。很多时候我们都觉得自己离死还很远，如那些爱情电视剧，男人平时再怎么坏，他将死的那一刻，女人都会原谅他，为什么？所有的爱情电视剧，都是在最终好的结局出来后就再也不播放下去了，两个人在一起之后就没有故事了。如果有故事，那变

化就是无常的。所以当爱情电视剧结局的那一刻，我们心里就舒服了，完美了。我们对待事物也是这样，以为老公会忠心，以为身边的人都不会离开自己。我们总是生活在这样的期待中，希望老公可以更爱自己，但如果他变心了，就恨不得他死掉，可是当他真的死掉那一刻，自己又觉得释然了，又开始想念他了。此后，如果再找一个伴侣，会发现还是原来的那一个最好。

真实的世界中有人借钱还，有人借钱不还。那有人要问了："我的钱到底是借还是不借呢？"借与不借根本不重要，重要的是我们把钱借给他，有没有影响我们的生活品质。借出的钱假如他不还，会不会影响我们的正常生活。借钱的朋友说了，三个月肯定还，结果他一直没还，而这个没还是正常的世界，它一直在变化当中，而此时对你是否有影响呢？如果借给别人钱后，对方不还，不会对自己的生活品质造成影响，那完全可以借。如果借给别人钱是因为自己对他有所期待，或者对他未来有所要求，或者为了维护自己的面子，而一旦对方不还，会影响自己的生活，那建议你还是不要借了。我们唯一能把控的是一开始能否承受的代价。

我们为什么要借钱给别人呢？真的是为了帮别人吗？你借钱真的是为别人好吗？第一，有可能这个人曾经帮助过你，你不帮他内心过不去；第二，找你借钱你不借的话，就感觉自己不是一个好人，而帮助他我就是一个愿意帮人的人，以及一些内在看不到的因素。所以不在于你借不借，而是你不借的时候你是否能承担得起别人对你的看法。

我们的人生为什么会活得纠结？纠结是什么样的一个心理？我们为什么会纠结？无非是我们在选择 A 或者选择 B 的时候，不想去承担一些后果，才会纠结。选了这个要失去那个，选了那个又要失去这个，我们不想承担任何一个后果，所以纠结了。如果我借出去的钱不管别人还不还，它都不影响我的生活品质，我依然能过好，借钱就不会让你产生痛苦；如果你不借这个钱，他怎么看待我都可以，我不会受到影响，那就可以不借。当有了这份觉悟，就洒脱了，境界自然也就上升了，外界的人、事、物都是和合无常、顺其自然的，愿意承担任何在自己身上经历的事情，生命的状态就会有所不同。

以一点解无量，无量中解一点。透过借钱的事，明了世界观与真实世界的关系，我们无须改变世界，只需要改变对世界的看法。以此推理明了我们对财富的看法与财富的关系，我们改变财富，只需要改变对财富的看法。

通过这本书，让我们一起看到真实的财富世界。

时空角下的财富看法

我们内在的看法几乎都是点性的，比如说，1+1=？，等于2。这只是我们站在某一个点的看法。没上学的孩子会说等于3，因为爸爸加妈妈等于爸爸、妈妈和她3个人。答案到底是什么呢？答案不定，在不同背景下，就有不同的答案。就像盲人摸象，大象这么大，每个盲人摸到的地方不一样，说出的特点也不一样。我们生活在这个世界上，世界那么广阔，我们看到的只是渺小的一个点。成长过程中，父母、环境给我们灌输了无数的认知，这些认知串联起来形成我们的信念，也就是我们对世界的看法。由于每个人的成长经历不同，意味着穷人对财富的看法和富人对财富的看法是完全不一样的。

杀人好不好？当然不好，这种行为是犯法的。那我换一种问法，什么情况下杀人是好的？过去保家卫国，杀敌人就是好事。所有的东西它没有恒定的意义，当这些东西在特定情况和特殊的角度下赋予它什么意义，它就是什么样的，所以我们看待世界要养成一个在多维度空间下来看，而不是只局限于某个点上，往往痛苦就来自于我们认知的世界观。我们总是认定了某个点而相信这就是全部，例如：坚定地认为1+1=2，坚定地认为人类是不可能飞起来的，坚定地认为借钱必须要还，坚定地认为老婆抱了一个男人就是出轨了……

人们就好像树下的蚂蚁，在蘑菇下面的小范围里，爬来爬去，没有看到蘑菇上面的树，更看不到树后的整片森林和宽广的世界。

当发生任何事情，不再从一个点来看待，就会发现很多事情不是我们想象的那样，一切都充满着转化，在不同的背景下事物就有不一样的含义。如何用360度思维来看待某件事？它是由时、空、角组成的背景，即时间、空间、

角度组成。在不同的时间、空间、角度的背景下，事物的意义完全不同。

时间有过去、现在、未来。会运用时间的人，一定是有智慧的人。假如你今年35岁，在25岁那年发生了一件重大的事情，让你感到很痛苦，当时解决不了，可是10年后，现在的你再去回顾，你就会觉得那件事不算事，还有可能觉得当时怎么那么幼稚呢！你用现在的视角去看过去的事，觉得过去好容易，你今天之所以痛苦，是因为你用过去的经验来看待今天。假如你用45岁的视角来看待35岁，你还会觉得难吗？就等同于你35岁看待25岁是一样的。所以我们今天做这个决定的时候，面临当下这份痛苦的时候，如果还是在用过去的经验来看待今天，那么痛苦自然会来。如果我们遇到不开心的事情，我们就要用未来的眼光来看待今天，你要问自己，假如10年后我会如何处理这件事情呢？

影响一个人的卓越往往是他过去的成功。你过去的经验是你经历过的，你用你经历过的经验去看待未来不可控的、还没发生的事情，你觉得成功的可能性有多大？更何况这个世界一直在变化。"影响我们未来卓越的都是我们过去的辉煌"，看看有多少企业在这个模式中沉沦？柯达、摩托罗拉、诺基亚，他们过去是多么成功，但是它们用过去的成功经验去预判未来，终将被社会所淘汰。假如过去我们是靠自己的努力拼搏、吃苦耐劳，每天比别人多工作一个小时而获得成功的，那你用这个经验去面对未来的事情，多半是很艰难的。

有这样一个案例，一个员工在一家企业工作了25年，而工资待遇并没有多大改善，于是他鼓起勇气，向老板要求加工资。老板看到他笑了说："你不是工作了25年，你是用一年的经验重复了25年。"重复旧的做法只能得到旧的结果。

我们每天想着要改变，却总是重复过去的做法，但还想得到新的结果。每天延续过去的思维模式，延续过去的行为，延续过去对待钱的方式。尤其有过成功的，把偶然当必然。往往我们过去的成功，认为有效的经验，在当下反而成为阻碍我们成功的根本原因。未来是未知的，已知的方法是有限的，

而最怕的就是我们一直在用已知的方法解决未知的事情。为什么越是成功的人士越固执？因为他成功时觉得那样是对的，很多企业的老板走到后面，很难改变他的管理模式，因为他以前创业的时候，是生存时期，用的管理方法确实是有效的，而等到今天，企业发展到一定规模了，属于发展时期，而他还是用过去的管理模式，就会导致失败。他用过去的世界观限制住了自己，然后对抗这个和合无常的真实世界，痛苦自然就来了。

一、时间

（一）用未来的眼光看待现在和过去

凡是成功者都能预见未来。

一个成功的人一定是能够看到未来，预见未来会发生什么的人，就像很多人才为什么愿意来到我们道禾大学堂一样！过去在他没有成功的时候，还没有展现他优秀特点的时候，我能够看到他的优秀，看到他们潜在的天赋，给他们安排合适的岗位，让他们的才能发挥出来，所以他在我这里实现了价值。当年我刚开始创业的时候，还是一个家庭主妇，什么都不懂，别人看到我创业，就会取笑我："你行不行啊？""做这个东西有什么前途啊？"会有各种各样的评判，不看好这个产业。等我今天事业做起来了，这些人就会说："哎呀，我早就知道你有这个天赋，你这个人就是有能力啊。"我能把这份事业发展起来，是因为我在那一刻看到了这份事业在未来10年甚至30年的发展和趋势。而如果我用过去的经验就会说："培训不就是几天的课程吗？靠几天的学习改变一个人的命运怎么可能呢？"这就是我们过去的思维模式。

我们能否在一个人身上看到他未来发展的潜力，就要用未来的眼光看待今天。我们看待事业、项目、产品的发展，也要看未来的趋势。

未来的财富趋势：富、贵、尊。道禾大学堂的朱志一老师在《万能语言》课堂中反复说过：得势为富、积德为贵、守道为尊。

也就是说，未来的人们不仅仅追求钱，而是富、贵、尊。有德行的人就有贵气，在道上符合自然规律的为尊，掌握趋势就能掌握财富！那什么是势？势又在哪里？如何把握势？又有哪些势？如何得势？

1. 宇宙之势

地球表面温度上升，月球离地球越来越远，宇宙进入高速活跃期。就如气温的上升会让我们情绪烦躁。所以道禾就势推出："全球515静心"活动，让我们的情绪不断地调频，静下来。众生皆败于情绪，欲令其亡，必令其狂，疯狂的表现就是急躁。就此明了：谁心静谁就能定，谁定得住谁就是赢家。

2. 人类之势

国际局势已经到了活跃期，所以稳定压倒一切。当任何内部矛盾，在内部无法转化的时候就会转向外部。如，夫妻关系内部不能解决，就会有七大姑、八大姨之间的冲突。

3. 商业之势

从过去的饥饿、疾病中获得了解脱，世人觉醒，商业不再成为人们的主体，尤其全人类的新生代活在上一代的福祉里，比谁有钱的年代将告一段落，个人觉醒的时代开始到来。

4. 企业之势

单一的企业将面临挑战，单独赚新、单独赚钱、单独销售、单独培养人、单独靠个人都将面临危机。数据时代来临，谁能连接数据、芯片信息谁将占据优势。

5. 消费者之势

全球消费者已经醒来，自由意志呈现"我和别人不一样"的理念，个性化定制成为主题，真产品实价格，以最简单、最省事、最省时为核心需求。个体体现自我的价值，个人自媒体，个人数据，自我空间的价值呈现，用户成为真正的主角。

6. 国家之势

混合经济正全面挺进新时代。媒体透明度越来越高，信用时代来临；贫富的差距，维稳的重要性；环境保护、老龄化的保障都将是重点。在对外上，贸易战时代的到来，经济全球化，对外开放进一步扩大。

7. 新生代之势

个人自由意志觉醒，要求世界围着自己转，员工需求时间自由、财务自由、工作自由、交往自由，以乐为导向。6个大人养一个孩子，这一代人不再是以工资待遇为选择，工具思维转化为玩具思维，体现"我"的价值，"我"的魅力，绽放"我"的特长。

8. 市场之势

新零售将取代电子商务这一概念，这是线上、线下与现代物流结合在一起，创造出来的新零售业，新制造。未来的制造业用的不是电，而是数据。个性化、定制化将成为主流，IOT的变革将变为按需定制，人工智能是大趋势。

新金融：金融业过去是二八理论，未来是八二理论。如何支持80%的中小企业和年轻人将成为重点。互联网金融会使金融业变得更加透明，更加公平。

新技术：移动互联网之后，所有基于PC的技术都将被移动化，基于互联网和大数据的诞生创造了无数想象。如，未来的家装以3D打印材质，人工智能移动交互，甚至房子里所有东西都是活动的。

新能源：就是数据。数据是人类第一次创造了资源，与衣服不同，数据是别人用过你再用会更值钱，是越用越值钱的东西。

如果有一天你隔壁开火锅店的张三，卖手机卖得比你好的时候，你不用觉得惊讶，因为，这是一个跨界的时代，每一个行业都在整合，都在交叉，都在相互渗透。如果原来你一直获利的产品或行业，在另外一个人手里，突然变成一种免费的增值服务，你又如何竞争？如何生存？

获得财富并不难，难在要明势、顺势、合势、在势中得。就如《素书》中说过："逆者难从，顺者易行，难从则乱，易行则理。"大意是顺势而为，得势为富，再直白一点就是选择大于努力。

检查自己的财富关系，是否依然停留在过去的思维模式中，是否与时俱进，能否照见到势，用未来的眼光看待今天。

那如何照见到未来？通过描述未来的场景，也就是画面。能够清晰地描述未来的画面，你看到什么，听到什么，感觉到什么，用未来的场景为现在所用。

我们要看清楚未来10年、20年、30年这个社会碰到的最大问题是什么？如果说今天人类的做法，一二十年以后一定会有这样的问题出现，那么我们今天开始做，坚定不移往这个方向走，当问题出来的时候，我们能解决这个问题，这就是未来的战略。

看人也是一样，我们看待每一个人都会用我们已知的经验来给对方做定位，看对方的言行举止、衣着长相来判断对方是什么样的人。就像我们的爱人一样，你是用已经发生的事情来判断现在这个人自私、不负责任、花心、小气等。这都是过去的事情，让你对他有了判断，有了这个判断以后无论他做什么，你都会用过去的判断来定义他，然后他就会越来越呈现你所看到的样子。

一个人无论你怎么看他不顺眼，他都有三五个好友，他的好友在他身上看到的点，和你所看到的点一定不一样，不是这个人没有优点，是我们有了固定的判断，事物就会按我们所判断的去发展。

（二）过去、现在、未来是一体的

什么叫过去、现在、未来是一体的？过去的事情我们无法追回，已经发生的事不可更改。过去是负担，好也要放下，不好也要放下。未来是虚妄，未来的事情是怎么发生的？它是由当下这一刻来实现的。举个例子，我们马上要举办5000人的"中国文化经济高峰论坛"。这个事件是发生在未来，可

是它是什么时候呈现的？是我们坐在会场，所有人在现场出现，有舞台灯光，那一刻产生的。也就意味着过去已经发生了，不可更改，而每一个未来都是由当下这一刻来呈现的，也就是说过去、现在、未来是一体的，只有当下这一刻才是真实的。

过去是负担，未来是虚妄，当下是临时组合。人们要么沉浸在过去的痛苦里，要么为了未来不痛苦，就让自己现在痛苦。有个女企业家找了个比自己小十几岁的男朋友，心里总是很担心，担心未来自己年龄大了，就会被男朋友抛弃。之前流行一句话：不作不死。这句话形容她很贴切。就在她不断地闹腾下，男朋友终于变心了，她心里踏实了，认为自己猜得没错，他终于变心了。可是自身又极度痛苦，心里还爱着那个男人啊！后来男朋友又回来了，她更痛苦，背叛过，会更加恐惧未来。如果不是清晰自己的内心，人生就掉入这么一个相出不来了，哪里还有心思做事业？

我们避免未来的恐惧，就会推动事物朝这个恐惧的方向去发展，让自己当下就开始痛苦。我不知道他们未来会怎么样，他们当下是相爱的，那就好好爱，至少经历过，也只有这样未来才能有良性发展。心外无物，我们如何看待这个世界，这个世界会不断地调整和适应我们对它的看法。

大多数人都喜欢活在下一刻：早上起床，抓紧时间，免得上班迟到，随随便便吃个早点出发，怕路上会堵车。上班后，又想着中午去哪里吃饭，吃什么。等吃饭的时候，又很着急，早点吃完可以赶回去休息。下午上班一直看手表，早点儿下班，早点儿赶回家。回到家里赶紧准备晚饭，晚上孩子还要做作业，要赶紧洗澡，为了明天要起早，所以要赶紧睡觉。

我们在干什么？这么着急干什么？你会发现自己每一刻都活在下一刻，却无法想着这一刻的感觉，因为总有做不完的下一刻。所以我说我们觉得自己永远都不会死一样，以后会怎么样，以后还会更怎么样，无法活在这一刻。过去、现在、未来是一体的，只有当下这一刻的感觉是真实的，是活生生的，它就是你经历过、体验过的东西，不然你永远只活在下一刻的担忧中。

举个例子。两个和尚在山上修行，他们是师徒关系。有一天师父开悟了。

弟子问他："师父，你开悟前和开悟后有什么不一样吗？"

师父想了想说："有一样的，也有不一样的。"

弟子又问："一样的是什么呀？"

师父答："我开悟前干三件事：吃饭、砍柴、睡觉，开悟后还是干三件事：吃饭、砍柴、睡觉。"

弟子又问："那不一样的是什么呢？"

师父答道："开悟前，吃饭时想着砍柴，砍柴时想着睡觉；开悟后，吃饭的时候就想着吃饭，砍柴的时候就想着砍柴，睡觉的时候就想着睡觉。"

这就是过去、现在、未来，只有当下这一刻才是我们值得珍惜和感受的。

也许我们的人生不是从快乐开始，但是我们可以选择当下这一刻的感受，痛苦和快乐不会同时存在，人生最大的自由就是选择的自由，我们才是选择的主体。

如：我们假设一个目的地是上海，于是我们上了一趟火车，一旦做了选择，无论我们是去推动火车，还是在火车上跑起来，火车都不会提前到达，该发生的依然会发生。而当我们选择中途下了火车，重新选择一辆火车，事物的发展又会不一样。我们的自由就是选择的自由，一旦选择，事物的发生就不可更改。

（三）过去、现在、未来根本不存在

过去心不可得、现在心不可得、未来心不可得。什么叫过去、现在、未来根本不存在？当你说过去的时候，就已经是现在了，当你说现在的时候，现在就已经成为过去。假如现在把你大脑里的记忆全部抹掉，失忆了，还有痛苦、快乐吗？还有困惑吗？假如你失忆了，然后见到你老公，还会有过去那些抱怨的情绪吗？

从更高的层面来讲，认识事情的发生只在于我们的起心动念，在于"念"

起的那一刻。每当我们产生一个念头的时候，其实结果已经发生，念起的那一刻，事情已经发生了，而我们今天在做的是什么？只是走过去的一个过程而已。时间和空间是一个假象，在三维空间有开始，有结束，到了四维时间就是变量，不存在开始和结束。在朱志一老师《高维智慧》课程中就会系统地讲解宇宙高维智慧。

如，一条线的两端是 A 点和 B 点，一只蚂蚁从 A 点爬到 B 点，在这个一维的线上它是需要时间的，可是到了二维空间，我们就可以把 A、B 对折到一起，这个蚂蚁瞬间就从 A 来到了 B。这就是所谓的空间折叠，也就是说低维空间的折叠是发生在比它高一维的空间里的。

当我们念起的这一刻，结果已经同时产生了，用现在量子物理的角度来说，当一个量子做了某个行为，另一个量子也同时产生了相应的结果，而我们在做的只是从这里走到那里的一个体验的过程，也就是说你今天呈现的所有结果，一切都是自作自受，不要去怨天尤人，因为那都是你过去某个时刻产生的一个"念"。

有句话说："凡是真实的不受任何威胁，凡是不真实的根本就不存在。"这个世界是我们创造的，是由我们起心动念的那个"念头"创造出来的，外界的一切只是我们的投射。

"过去、现在、未来根本不存在"，因为过去影响了我们对现在、未来的判断。你念起的那一刻，是因为过去的画面，从而产生了对未来的结果的投射，所以念起就决定了结果。

你现在有钱，没钱，很多时候念起的那一刻，早就决定好了。"钱会带来争吵，我不想我的世界是争吵的。"潜意识就会让钱流走。如果没有机会主动花出去怎么办？你就会吸引或创造一些人或事来到你身边，所以这些人就来找你借钱，这个项目要投资，家里一些亲戚生病，然后你就借出去了，之后你内在潜意识里想要的结果就达成了。可是你又觉得："他怎么借我钱没还呢？""我怎么碰到了这样一个说倒闭就倒闭的公司呢？""这个项目

怎么会失败呢？"其实这些都是当初你念起那一刻就决定好了的，这么多年来，逐渐形成了你对财富的信念和看法。

今天你身边的所有人，包括父母、爱人对你做的一切，都取决于你自己当时起的那个"念"。如，"我不配拥有幸福"这个信念，你很想拥有幸福，可是你从小受到苦难，受到父母的冷落，所以你觉得你没资格得到幸福，它内化成了你的潜意识，所以每次当幸福来到你身边的时候，你就会恐惧、防卫，然后抗拒，最后莫名其妙地伤害一个又一个人。

在西藏某个地区，到现在都没有人离婚。是他们夫妻特别恩爱吗？不是，是因为他们大脑里根本不知道还有离婚这样的事，从来没想过。也就是你绝无可能创造出你心中没有的。

就像我们和财富的关系，仅局限于我们自己对财富的看法，没有体会到富人是怎么看待财富的，我们总是局限在某个点上而出不来，无法摆脱轮回。

财富对每个人都是一样的，你站在哪个点看待财富，财富就会给你怎样的呈现。如果过去我们活在一个匮乏的世界中，那就会导致我们今天呈现了一个钱总是不够花的状态。

二、空间

财富的空间以商业、事业、伟业来贯穿。

（一）商业

商业兴起于商朝，形成初期是以物换物的方式进行的社会活动。后来发展成为以货币为媒介进行交换从而实现商品流通的经济活动。

老板的精力都在商业上，研究商业模式、运营模式、管理模式等。什么是商业？商业是以产品为媒介，牺牲一群人成就一个人。过去的老板都这样，开一个公司，找一群人，帮他打工，赚了钱就自己买车、买房，或换车、换房。到了今天商业大洗牌，开始淘汰一些企业，大家都说生意越来越难做。生意难做是因为大家都当生意来做，淘汰的也不是传统企业，而是无德、无良、无贡献的企业。

有个 90 后小姑娘，微商大咖，做得特别好，很棒。一个人年轻的时候越成功，越容易傲慢。她一开始来上课，很不屑，认为自己上过的课程很多，什么老师都见过。我一看她这个状态，就对她说："等你哪天感情出问题的时候，你一定会回来找我们的。"后来这个小姑娘真的回来了，买了我们道禾所有的课程。

为什么我会这么直接地对她说这样的话？因为在我过去的生活中见过太多所谓"年轻有为"的人。她是做商业的，那么未来替代她成功的也是商业，好的产品不断出现，商业模式也将不断被与时俱进的模式更新替代。一个 20 多岁的人已经走到一定的巅峰，影响一个人成功的也往往是她过去的优秀。尤其在没有建立自我之前，承受挫折的能力没有那么强，一旦从巅峰上下来，未来遇到艰难的时候，就没有动力支撑她走过那个关卡，就很难再振作起来了。

我们有个学员曾是一个直销公司的老大，不仅自己赚到了钱，也使他的员工赚到了钱，但到最后他很痛苦，痛苦的原因有以下几点：第一，当年那些跟着他赚到钱的，到了今天，成了中年人，钱花得差不多了，但能力没什么提升，无法适应新的商业模式。他们的体能与心性也比不过新生代，而且成功过的人也不愿意降低自己的身份；第二，小部分人赚到钱，大部分没赚到钱的人会产生怨气，这些怨气会把一个公司摧毁；第三，他们没有持续性成长，因此没有远大的梦想；第四，他们只考虑自己的欲望，没有去了解更多人的需求。他说："如果当年让那些赚到钱的人继续学习，与时俱进，拥

有梦想，就不会有今天的结果了。

这是一个有智慧的企业家，也是一个有良知的领导，我想，如果他当年能明白这些，就是真正地帮到了他的员工。同样，今天我们的老板也应该明白，一个员工愿意跟随你，你应该给予他们的至少有三点：（1）钱；（2）前途；（3）成长。除了钱，没有后面两个为支撑，最终都是在害人。

如果今天你因为产品而成功，未来就会有更好的产品来替代，如果今天是因为商业模式而成功，未来必将有新的商业模式来替代，这是社会发展的必然结果。

即便是商业模式，也要明白好的商业模式要符合以下几点，而不仅仅是牺牲一群人。

第一，价值主张。清晰谁是目标消费者，这些消费者被怎样的问题困扰，你提供了怎样独特的解决方案，你的解决方案能带来什么好处。

第二，目标市场。通过一系列营销手段，充分吸引并最终将自己的产品销售给这一部分消费者群体。

第三，销售手段。采用什么样的营销渠道获得消费者群体。

第四，生产方式。你怎样生产你的产品，或者提供服务等。

第五，配送方式。你的产品面向本地还是全球？

第六，收入模式。你打算怎么赚钱？你的资金怎么能负担起包括管理和辅助支持费用在内的所有成本？

这后面几点都是以第一个价值主张为基础，在创造价值的过程中，商业模式才能发挥作用。

（二）事业

有没有想过找一份可以持续不断做的事业？有没有想过把目前所做的工作当成事业而不仅是一份工作？如果你当成工作来做，有另外一份收入更高

的工作，你立即就会辞职更换。今天做这个好，明天做那个好，几十年下来，财富没有增加，心中却只有浮躁。

每天做不同的事，你围着世界转，十年只做一件事，世界围着你转。有人经常问我："童老师，我是卖这个产品好呢？还是做另外一个产品好？"我的回答是："跟产品没关系，跟做的人有关系，如果一份事业能符合下面三个条件的，你都可以为之做一辈子。"

第一，它是你自己喜欢的。

这个世界没有几个人是做着自己不喜欢的事而发家致富的。

有一种误解，认为一个人能做成一件事情靠的是坚持，靠的是苦和累。其实有过做事经历的人都知道，能把一件事做成功，根本原因在于你投入在这件事情上的乐趣。古往今来，所有成大事者，都是在自己的事业中找到了乐，以此为乐，做事情要么有意思，要么有意义，小乐小成，大乐大成，极乐极成。如果做得累，就代表不对，累就意味着动能不足。真乐才会有感觉，只有持续地将事业和生活融为一体之乐，才能创造源源不断的动能。

古希腊哲学家曾经说过一句经典的话："凡是人，请你发现你自己。"我们对自己最了解，我们对自己也最不了解。一个人最幸运的就是在年轻的时候了解自己，发现自己的兴趣所在，从而为之努力。

大部分人都会说："等我哪天有钱了，我就去做自己喜欢的事。"人生如此颠倒梦想，你发现这样的人一生都没有机会做自己喜欢的事，因为你干了不喜欢的事，也就意味着你赚不来钱。所以你无论选择项目还是产品，首先要确定是不是你喜欢的，而不是这个行业赚不赚钱、市场怎么样等。否则就是活在"应该"状态中，你会认为你做的事情应该会赚到钱，而等你退休的那一天你才会发现，你这一生经历了那么多遗憾，那么多痛苦。

人性的趋利避害性：有的人是为了得到奖赏而去做，有的人仅仅是害怕

受到惩罚而去做。两种差别得到的结果是天壤之别。

第二，对他人有帮助。

财富的获得很重要的一个特征就是平衡。良知与欲望的平衡，财富与价值的平衡。犹太人对成功的定义值得大家参考：设定一个有价值的目标，从而转化为现实的过程，这个过程因为信念而牢固，因为平衡而持久。出来混的早晚要还的，如果明白因果，因和果不在同一时间出现，种子种下，早晚开花结果。我们今天得到的都是过去给出去的，未来得到的是你今天给出去的。给出去的是震频，收到的是境遇。

如，放贷金融。在别人最需要的时候，你收取高额利息，看似你帮了忙，其实都是留有怨气的，内在无法平衡。

如，房地产。很多拆迁户没有处理好，为了谋取高额回报，用尽手段，尽管没有法律的制裁，这些都会给内在的平衡留下后遗症。但凡这些都是要注意的。如何能在平衡中获取利益是持久生财之道。

人与人之间的关系也需要平衡，用中国的话讲这就叫"度"。如，你和朋友在一起，每次都是你请客，你发现他和你反而越来越远，因为不平衡，他潜意识会受不了。如果你也让他付出一点，也让对方有价值感，你们之间的关系才能持久。夫妻之间也是如此，不是你一味地包容就是爱，而是平衡的度要掌握好。

第三，对这个社会有贡献。

除了自己喜欢的，对别人有帮助的，还有很重要的一点：我所从事的行业是否对社会、对这个世界有贡献？为什么很多富二代、富三代财富很难传承下去？一个二十多岁的孩子什么都没做，没给社会做出一丁点儿贡献，而却拥有上亿的资产，他会受不了。他没有参与创造财富的过程，也没有任何价值感，最终只能把财富挥霍掉。因为他对社会没有任何贡献，和财富也不

匹配，他的财富载体是受不住的。

最近我们一个学员说了一件很感慨的事情。一个 90 后很有名的微商品牌创始人，她的身价有几个亿，长得又漂亮，年轻人想要的在她身上都实现了，可是却在两个月前查出了胃癌晚期，前两天去世了。我在这件事情上有很多启发，所谓厚德载物，当一个人载体不够，所有这些都是负担，强行留住的只会让身体承受不住。

如果我们把一件事当成事业来做就简单了。你愿意花 3 年还是 30 年来做这份事业？我们来想一下我们什么时候会死？算一下自己什么时候会死？在你家族当中有没有长寿基因，他们大致活到多少岁？离你现在的生命还剩多少年？趁现在算一算。我们正是因为知道死亡的无常，所以才要让活着的每一天过得更有意义。我们都会把寿命往多了写，都觉得自己不会死得太快。如果你能活到 90 岁，还剩下多少天？我们不是来算这个数字，只是来清晰一下自己的人生。如果还剩 50 年，用这 50 年来做事，那你现在急什么？慢比快好，现在是要你花 50 年时间来做一件事情，别掉到钱眼儿里，别总是想着我要赚多少利润，而是多想想这 50 年我要给这个社会贡献的是什么？

这里所说的事业就是以商业为媒介，通过一个平台，实现一群人的梦想。

今天我们要从商业转化到事业，做一份利国、利民、利众生的事，也就是你好、我好、大家好的事。通过你的事业去成就一群人，找到自己所喜欢的事，充满热情，花 30 年甚至 50 年的时间来完成它，甚至不用 30 年或 50 年，只用 10 年做一件事，你就是这方面的专家了。

如果你的事业符合"你好、我好、大家好"这三点，就意味着天要你成，你不成老天爷都要帮你成。

（三）伟业

这个伟业要从西游记开始说。

吴老先生称猴子为心猿，用猴子来比喻我们的心。世人的心，都充满欲求和自我，妄念纷飞，心猿意马，上蹿下跳。这些心中的念从哪里来？从无名中来，所以从一块女娲补天的石头缝里蹦出来。西游记用这个念创造出了一只从石头缝里蹦出来的猴子，他蹦出来后来到了东胜神洲的花果山。猴子来到了人间，穿过水帘洞成了大王，见识到了人间的种种追逐名利、尔虞我诈。

在人间猴子好不得意，在他做猴王的这些年，看到很多猴子经历了生老病死，这也是人类一直面临的问题、恐惧的问题。于是他一定要求到一个长生不老的法门。

猴子来到灵台方寸山，拜了菩提祖师为师。菩提祖师给这个猴子起了个名字叫悟空，说猴子少腮，尖嘴猴腮，意味着刻薄不厚道，骄傲自大，少腮又是少思，即少心，所以得意的时候忘形。菩提祖师传法的时候，孙悟空总是会问："可得长生否？"然后他的师父说："我是教你空性，教你了脱生死的！"可是孙悟空就是不开悟，每次还是问："可得长生否？"他最终也没有得到答案，于是带着七十二般变化和十八般武艺离开了。自此变得狂妄自大，四处捣乱，开始大闹天宫，三界无人敢招惹。

大闹天宫后，玉皇大帝搬来了如来佛祖。如来佛祖用五指山降伏其心，孙悟空念起那一刻，一个筋斗翻了十万八千里，就像我们人类的心，坐在那里看似什么都没发生，其实里面上蹿下跳了十万八千里。五指山代表什么？色、受、想、行、识。"五蕴皆空，受想行识，亦复如是。"然后孙悟空就被镇在了五指山下。

直到唐僧的出现，他为了众生把孙悟空给解救了出来。孙悟空求长生法是为了自己，所以只能被五蕴降在那里，而当他去取真经的时候是为了大家。孙悟空一出来就打死了六贼：眼喜看、耳听怒、鼻嗅爱、舌尝思、意见欲、

身体忧。心缘归正，六贼无踪，这个仪式一完成，孙悟空从自我就转化成了修行者。这个取经的队伍后又加入了猪八戒和沙僧。八戒在佛家中的意思是在家居士的戒律，而这里八戒就是人性里贪嗔痴，贪财好色、好吃懒做的寓意代表。沙僧代表真理本来清净。猴子为了自己的长生不老，变成了阿修罗，而为了众生，最终成佛。用普通话说，想要为了自己的欲望，你不会有成就，在成就他人的过程中才能获得自救，在成就他人的时候才能觉醒，才会真正有所成。

所以从事业再上升一维，以商业和事业为媒介，不管你从事的是房地产还是金融，还是卖空调，你只要做到一点，就可以被称为伟业。

所谓的伟业就是你在做事的过程中能引发他人对生命的觉醒，穿心一问：你的事业能让你的员工，能让跟随你的人思考这个哲学问题吗？你的事业能帮助每个人找到自己的天赋，挖掘自己独特的价值，并绽放出他们每个人独一无二的特性吗？

当你发现你做的事情不仅仅只是在赚钱，不仅仅只是在为这个社会做贡献，而是在激发每个人，让每个人都能成为太阳的时候，走到哪里照耀到哪里，你所做的就是伟业。记住一句话：你为这个世界付出多少是小意思，你为这个社会激发多少能量是大意思。

（四）生命状态层次的空间

了解了商业、事业和伟业，我们还要去了解我们整个生命状态。对于这点的理解很重要，只有了解了生命的状态，你才可能变得通透，变得豁达，变得与万事万物开始链接，你也才可以看明白后面关于财富更深层次的内容。

人在年轻的时候，因为人生阅历有限，所以等于一张白纸，于是就会妄

言，认为黑就是黑，白就是白，对就是对，错就是错，眼里绝对不容沙子，心中怎么想，就怎么去做，根本不懂得变通，也不知道社会的复杂性和艰难性，认为只要心中所想，就一定应该是这个样子。

年少轻狂加上为人处世的浅薄，便自以为天下第一，全然不顾自身经历本是无根之草，就像水中浮萍，只能随着水流，飘到哪里算哪里，而不能自我决定人生的方向。因此，不管做什么，只要自己看到什么，就相信什么。

有一位禅师曾说过这么一段话："三十年前没有参禅的时候，看山是山，看水是水；到了后来，看山不是山，看水不是水；而今开悟了，依然是看山还是山，看水还是水。"

在第一层面的外界是什么，心中显现的就是什么，山来便认为是山，水来便认为是水，心中所看到的世界，就认为是真实的世界。谁都会经历第一个层次，人与人比得是谁能更快地走出来，谁能更快地进入第二重境界。

一个人随着人生阅历的增加，人生感悟也在累积。随着内心感悟的增多，往往也伴随着更多的困惑和不解，觉得这个世界不应该是这样，但又没有能力去改变。

一个为国为民，修桥补路的人，死的时候可能连尸骸都找不到；而一个作恶多端、吃喝嫖赌的人竟然没有遭到报应。

这种现象，从古至今，就从来没有断过，也是历代社会的现实。想不明白它为什么会是这样，也改变不了。除了能够发出一个小人物的愤怒和感慨之外，没有任何用处。

人到了这个层次，既痛苦又迷茫，看不懂、看不透这个世界，整个思维都是混乱的，思维一乱，整个身心就跟着乱，而思维和内心的杂乱是最消耗人的能量和精力的。大多数人就在这种心境下痛苦茫然、烦乱地度过了一生，无法从中走出来。

最根本的原因是什么呢?

因为心灵的弱小,承受不下整个世界。其实不是世界出了问题,而是内心出了问题。把世界的相当成了事实,把小我当成了主人。

看到桌子只能是桌子,而看不到桌子背后的木头,木头背后的树,树背后的种子。当我们看透桌子背后的东西,你就会看山不是山,看水不是水,这个时候你才能借相为自己所用,把相体变为用体,不能用的就放一边,如何为我所用,所用为众生。就像看到落叶无须悲伤,我们看到的是种子的生根发芽生长的全过程,掉落的树叶只是自然地发生,大树只管向上生长,自然就有新的枝叶长出。而所有的相又是因缘而生。

而小我的分别、妄想、执着,不会那么轻易地让位,它始终想牢牢把控人的身体。

第三重层次是看山还是山,看水还是水。

道理只是一个传说,只有人生经历过、体验过、体悟到后,看什么都正常,花还是花,树还是树,做任何事都游刃有余,可谓人生可以潇潇洒洒走一回。

生命状态是分层次的,一开始在我们吃不饱、穿不暖的时候,我们处于生存层面,我们要解决的只是温饱问题。那个时候谈境界,谈远大的梦想,那都是空谈。我们要在不同的层次去呈现方便法门。

当温饱问题解决了,生存层面得到满足,就会来到生活层面。生活就是让我们活成一个有感觉的人。我过去的朋友装修一个房子,极致地装修,好像这一辈子就装修这一个房子,30年或50年都不变动似的,可是没有几个人会住一套房子10年都不变的。所以他用30年的态度去装修一套房子的时候,意味着他接下来对什么都不感兴趣了。所以当两个人一旦结婚久了,就会进入一成不变的状况,而人一直在变,过了生存层面的人都会去找寻一种生活的感觉:一种活生生的、生命的朝气;一种活泼的、鲜活的生命力;一

种品质的感觉。看看家里有没有多一盆花或一盆草，让我们感觉到这里是一个活生生的、温暖的、有爱的地方？

生活层面过后，就来到了生命层面。猪每天就是吃饭、睡觉，而我们人每天是吃饭、工作、睡觉，我们不就是一头会工作的猪吗？每个人来到这个世间都具有独特性，一定有一些事只有经由我们自己才可以完成。那我们就要去探寻我们到底是谁？我们来这个世界是做什么的？我们最终要去向哪里？或许我们很少思考这样的问题，但在生命这个层面，我们要学会向内求，而不是在外围打转，你将明白你本身就是一个宝藏，只是被你深深掩盖了。在这个层面不要去迷信某个大师、某套理论、某种模式，而是去体验，去超越，去内观，一个伟大的老师，永远是我们自己，这才是我们需要唤醒的智慧。人世间红尘百戏，念起间智慧涅槃。

生命状态是分层次的，不同的层次要用不同的状态去经历，而我们之所以混乱，之所以困苦，就因为层次搞混了。记住一句话：一切的混乱都是层次的混乱。当明白这个道理之后，再面对红尘，就从容不迫了。

（五）体验红尘智慧的空间

真正的智慧不是修来的，而是你本身就有，只需在红尘中真实显现。

每一个人来到世间，都有携带信息，父母的、祖先的、社会的、历史的等，它需要在后天的历练中挖掘出来。

人生有四种：
（1）一入红尘，从未破碎。
（2）一入红尘，一路破碎。
（3）前半生破碎，后半生复原。
（4）一边破碎一边复原。

第一种人一辈子都不会长大，因为从未破碎，一生心智都未打开，不会用心，也不懂用心。甚至不会越规矩一步，靠传统过生活，本本分分过好每一天。

第二种人的经历往往很多，并且不好的经历居多，情感的伤害、世间的冷漠、人情的冰冷。人心本来脆弱，心碎一地而拼不起来，灵性从此残缺不全，找不到回家的路。

第三种人前半生经历破碎，没能力复原，通过某个机缘，或因重大事件（事业破产、婚姻破裂、身体重创、亲人离开等）而得醒悟，后半生得到修复。

第四种人虽心碎如痛但一直向往美好，心生希望，在每一个夜深人静的时刻，自己慢慢地抚摸伤口，让心灵所有的伤疤重新愈合。就像珍珠，把痛苦和眼泪留给了自己，却要用光芒去照耀世人。凡是有经历的人，做事情就比较从容、淡定。经历是读多少书都替代不了的，人只有跌倒了爬起来，再跌倒再爬起来，然后面对事情，就会有一种内心的从容的力量，做事就容易有结果。

在朱志一老师《万能语言》的课程中一再提到：人生最大的收获就是经历过，设计什么都不如设计经历，我的人生就是我经历的总和，只有持续经历才能真正升腾。

一路走来，慢慢就会明白，其实我们并不是很懂自己，不懂自己，自然不懂人；不懂人，更不可能懂人性；不懂人性，自然做不成大事。

所有的企业家都是在做一件事，那就是体验人、发现人、经营人、成就人。真正做大事的企业家，他可能不懂设备，不懂技术，但他一定懂人，不管走到哪里见到什么人，他都能快速体验。只会蒙头做事的，都是小老板，能带出队伍的，那才是大老板。有谁见过仅靠一个人就打下天下的？能把众人潜在的能量激发出来，并把众人内心的痛苦化解掉，自然会成为领袖。

如何观自己本身的自性？第一就是体验自己的经历；第二就是体验他人的经历；第三就是体验万事万物。低手是自己经历、自己体验；高手直接进入他人的经历，体验他人的体验；高高手是规划他人的经历，设计他人的体验。

当今社会经历了物质的极大丰富之后，必然会在精神层次上有所觉悟。《周易》开篇就讲自强不息、厚德载物，就是用内在强大的精神托起物质、托起众生，否则就会迷失，我们称之为魂，有魂即有定。

体验红尘三大死穴：
（1）心不通而不会感应；
（2）心不静而迷失其中；
（3）心不明而不会照耀。

人都是奔着名、利而来，领袖一定要把名、利分好。会分名利、善分名利者，才能打天下。领袖就是用名和利来成就人，顺便成就自己。刘邦深悟此道，所以才会用人："运筹帷幄之中，决胜千里之外，吾不如子房（张良）；镇国家，抚百姓，给馈饷，不绝粮道，吾不如萧何；连百万之军，战必胜，攻必取，吾不如韩信。此三者，皆人之杰也，吾能用之，此吾所以取天下也。"

小老板都是自己很厉害，但手下无强兵，找不到人才。小老板不是找不到人才，而是害怕人才，怕驾驭不了比自己更有能力的人，而丧失权威。高手都是驾驭比自己有能耐的人，为之所用。

驾驭不了人才根源有三个：
第一，小老板是以才驭才，所以碰到高手就用不起来。经营企业就是经营人，经营人就是驾驭人，驾驭人才的背后是成就人。皓月当空，一枝独秀的年代已经过去，群星璀璨，每个人都想成为自己的时代来临，只有成就他人之心，才能做到以德驭才，人才才能为你所用。
第二，一个人本身没文化、没格局、没情怀、没饱满的精神世界，怎么可能带出有文化、有格局、有情怀、有激情的团队？领袖自己都不坚定，很容易被世俗的虚荣给带走。领袖只有大境界，才能包容四海，有包容自然就有人和你一心，自然获得众人的追随。因此根本不用经营，你的存在就是标杆榜样，自然生成影响力。
第三，不懂人性。企业文化一定是老板自己内心的体验，因为体验，所

以真实，是实实在在的东西。你深入人心的体验，你体验到了，而别人没有体验到，你就能比别人跑得更快，走得更远。

真正的大成者，都是在发大愿。你一生所做的事业，一定超不过你内心对自己的限制。你只是想赚点钱就溜走，怎么可能拉动几千人的团队？你心中只装下自己，如何成就几千人的大业？一个人，没有人命令他，不管挫折有多大，都会一直走下去，是因为心中有大愿，想要点燃更多人的心灯，进而照亮别人前行的道路。愿力就是加持力，你的能量就不会枯竭，这才是大成。

学会"装"，"装"人。有些人喊着有格局、有胸怀，什么是格局？当下让你难受的人，让你痛苦的事，就是你的格局。你今天见到处于社会底层的人，都能让你较劲、痛苦，说明你的格局就是狭隘的，拿什么容？这就是越大的人物越谦卑，越好相处。

"装产业"。20世纪70年代的美国新闻界，《华盛顿邮报》和《华盛顿明星新闻报》是一对竞争最激烈的死对头。1972年，水门事件最初被《华盛顿邮报》披露。为了以示惩罚和恐吓，总统尼克松决定只接受《华盛顿明星新闻报》独家采访，而把《华盛顿邮报》记者赶出了白宫。就在这种情况下，《华盛顿明星新闻报》却发表了一篇大大出乎白宫意料的社论：它不会作为白宫泄愤的工具来反对自己的竞争者，如果《华盛顿邮报》记者不能进入白宫，他们也将停止采访该机构。

日本三洋电机创始人井植，在向客人介绍自己企业的同时，总要带着尊重的口气，花几乎相同的时间来介绍同行的强劲对手：索尼、松下、夏普等。尊重你的对手，尊重彼此之间的游戏，就是尊重你自己。

很多时候，成长都是靠竞争而获得机会。而有些人或机构却抛开了德行而去竞争，这样就进入了一个恶性循环。一个连产业都装不下的人，凭什么能够成为领袖？创业的过程中，很多人都急躁、功利、凶猛、见到猎物就上、不顾及生态，有太多的公司一夜崛起，攻城略地好不痛快，所谓的商业道德、

公共责任都成为利益的"祭品"，这不是一个长远产业生态链的结构，因此会很快被淘汰掉。它们不是被市场淘汰的，是基因决定的。市场永远不会淘汰那些真正踏踏实实、诚信、贡献、利他之人的企业。

什么时候学会了尊重对手，学会以世界性的眼光看待产业的进步和产品的竞争，这才是真正地走进了现代经济的殿堂。

装"牺牲"。我们成就的总和，就是装"牺牲"的总和。连点儿委屈都受不了，还能有多大的心量？

比牺牲更难装的就是装"荣誉"。领袖一定要有一种能力，就是让身边的人感觉到他很重要，让身边的人感觉到他能力比自己强。永远不要和下属去比拼谁的能力大，而是比谁的胸怀大，谁的境界高，谁更具备士的能量。如，一件事因为你的一个建议而大获成功，可是没有一个人知道，而你还能够当什么都没有发生。

所以无论做什么事情，只要为自己，最终会停下来。中华文明在五千年中生生不息，是世界唯一没有断流的文化，靠的是文化传承。你想走长远，就必须要有文化先开路，一个人再有钱，别人不一定尊敬他，但是你有文化，你的文化对众生有用，别人就会敬佩你，这就是中华文明的根。

未来社会最大的资源就是数据，谁掌握数据谁就掌握了核心。客户不是我们的客户，粉丝才是我们的客户。公司的第一产品就是企业家本人，企业家也就是公司本身，任何一家公司都应该把企业家推到公众面前。阿里巴巴就是马云，马云就是阿里巴巴；京东就是刘强东，刘强东就是京东；华为就是任正非，任正非就是华为；联想就是柳传志，柳传志就是联想；小米就是雷军，雷军就是小米。公众能够记住企业家，就能够记住企业家的公司；能够记住企业家的公司，就能够记住企业家。如此，才能吸引到人才，获得众粉丝、众人才的追随。

所以，任何一位企业家都应该是公司的第一推销员，走到哪里，企业家就能把公司的产品包括本人的理想、信念带到哪里。好的公司表面上是在做产品、做销售，其实核心里做的全是文化。核心是领袖背后的情怀，这才是真正厉害的东西，才是企业家个人魅力的显现，同时这也需要通过训练语言、演讲的辅助才能很好地达成。

当企业发展到一定阶段，就会越来越明白，把公司做失败是一件再正常不过的事。开好一家公司，企业家得有动力、有境界、知方向、懂策略、有魅力来吸引大量人才，还要有精力去处理许多复杂微妙的事情，还要会搞关系左右协调，还要懂人心，还要有良好的财富观，还要不停地发现新大陆。就此看来，不是谁投个钱就能开家公司做企业的，优秀企业家离不开这几个特质：旺盛的精力、不被目标干扰、强大的精神世界、善于用人才、一切从体验入手、把握时运进退。当你做到这些时，回看你的财富关系，自然而然就会与你当下的心境所匹配。

（六）人性的空间

人性很复杂，也很简单。在阴暗中，人性可以复杂到成魔；在光下，人性可以单纯地变成圣人。

人性都有阴暗面，能否驾驭阴暗面，才是对领袖最大的考验。不管是君子还是小人，领袖都要这些人从最底层、最黑暗、最潮湿的地方出发，然后走向阳光。

1.人性的龌龊

每个人都有龌龊的心思，如何才能够不被龌龊的心思所带走，才是修行的开始，才是领袖最基本的素质。一个人没有放纵自己的资本也就罢了，但如果有那个条件，面对诱惑，如何能驾驭自己的欲望？当年曾国藩为了抑制自己的欲望，就用自我品评和自我谴责、写日记的方式来对治。我们如何才能驾驭内心那些龌龊的想法？第一，让自己忙起来。绝大多数得抑郁症的人

往往都是太闲的，没什么温饱问题要操心的；第二，远大的梦想，梦想不是用来实现的，是用来寄托伟大的灵魂的；第三，成就人的情怀，用更大的事业来替代。一个人的作为大小，本源于志向的高低，修身应以立志为本。

2. 人性的自私

每个人都是自私的，凡是先想到自己，想到先怎么对自己有利。自私是每个人内心深处的根结所在。

我们不是不能有龌龊的想法，而是不被龌龊的想法所操控；我们不是不能有欲望，而是不能被欲望所带走；我们不是不能自私，而是不被自私所征服；我们不是不能有黑暗，而是不被黑暗所掩盖。

克服不了自私的点，不算什么，大不了一生碌碌无为，但是作为一名企业家，对企业、对员工，就是相当致命的了。凡是只想往自己碗里多捞点儿的人，最终连碗里原有的都会失去。企业家凡事一定要想到普通员工的感受，想到如何照顾好更多人，如何对员工、对客户、对社会有利，如何借大家把平台做大，这样才有未来。

有这样一个学员，她是做膏药的，挺有名气的，做得一直很不错，只是她的老大被公安带走了，她很迷茫。她说她们老大其实初心也是很好的。正是因为初心好，所以能做大。但是很多人用了一个初心的外衣来掩饰内在膨胀的欲望。自我感觉初心还在，其实已经偏离轨道，最终走向不了了之。勿忘初心，方得始终，不要把这句话当成美化自己的外衣，否则代价付不起。起点就是终点，起心动念间，结果已经在那里了。

3. 人性的贪婪

一个穷人在施舍乞丐的时候，很容易把身上仅有的 10 元钱给乞丐，而当一个人有一个亿的时候，反而不容易去舍得施舍，更不要说全部给出去。贪往往是在顺境中产生的。

贪没有止境，有的人贪吃、贪睡、贪享受、贪钱，还有的贪名，这种比贪钱藏得更深。

4.人性的证明感

我们刷朋友圈，很多时候都是在刷一种存在感。做企业的很多人也是在证明，证明自己可以，证明自己行。证明自己价值的人喜欢显摆，尤其缺什么就会显摆什么，证明的人没有实荣，必有虚荣。

小时候我们依靠大人而活，他们对我们的肯定就极为重要，我们渴望在父母心中有重要的位置。

如，有个女人是家里的老大，小时候照顾弟弟妹妹，到现在，弟弟妹妹都已经成家了，她还是不断地去承担原本不属于她的责任，找工作要操心，买房要操心，找对象她要管，她自己觉得很累。这个背后就是她潜意识中一直在证明自己很有价值。

又如，有人做再大的企业，都没有成功感，因为始终在追求第一，做什么都想做第一，内心非常累。就因为过去一直受到父母的打压。想要做大是没有问题的，问题是你只知道拼命去做，而不知道自己为什么要这么做。

5.人性的比较，嫉妒之心

嫉妒意味着我不希望自己过得好。

在朱志一老师人性课程中讲到人性深处的一句话："没有比看到好朋友倒霉令人开心的事情了。"这说的是人性的大实话，人的内心都有如此的阴暗面，我们根本不用去避讳它，重要的是我们要看到人性层面的东西。

如，有个人很幸运，见到了上帝，上帝告诉他："你要什么我都会满足你，同时，你讨厌的，你恨的那个人会得到双倍。"于是这个人说："我要100万。"结果实现了，没开心两秒，发现他恨的那个人得到了200万，于是开心还没结束，就开始陷入嫉妒的痛苦了。这个人想要1000万，结果对方得到了2000万，他更痛苦了。最终他做了个决定："卸掉我的一只手吧。"

这就是我们的嫉妒心，嫉妒会把我们拉下地狱。嫉妒都是来源于和你差不多的触手可及的人。假如离你远，你够不着的，那就是崇拜。像我离你们比较近，你就会想："哎，不就是个女人嘛，过去不也是个家庭主妇，讲得不也就这样子嘛。"无论你在哪里，总能找到让你能比较的人。

嫉妒的核心是：我不希望你过得好。

我是这个世界的一部分，你也是这个世界的一部分，我和你是一体的，我不希望你过得好，也就是我不希望世界好，世界不好就是我不好。所以说嫉妒的人财运差。

6. 人性中小我的五大特征

第一，独特性。每个人都希望自己是独一无二的，是与众不同的，如果你今天穿的和别人一样，你立即心情不好。

第二，罪疚惧。我们与天人合一的状态分裂，我与这个世界的分裂，我和你的分裂，就携带着恐惧、愧疚、恨的情绪，然后投射到身边最亲近的人。

第三，总是觉得自己不够好。无论你今天做到多完美，你总是会觉得自己不够好，你总是对自己的相貌不满意，你总是觉得自己还是不圆满的。

第四，受害者。你发现和所有人聊天对话，在聊过往的事情时，自己都是受害者，都是别人的错。

第五，美化自己。我们的头脑会编辑故事来证明自己做得有多好，也会通过外表行为的伪装，披上一层高尚的外衣，来美化自己。

7. 人性的点，两两对应

人心之上是人性，每个人的心都是一样的，都具备人性所有的点，都具备勇敢、恐惧、担当、逃避、大气、小气、自私、奉献、善良、邪恶、美好、丑陋、阳光、阴暗、责任、推卸、顽固、灵活、自信、懦弱、优雅、粗俗、尊贵、卑微、豪气、内向、坚毅、软弱、慷慨、吝啬等。

这些人性的特点在每个人身上都有，所以人类共用了一个心灵，并且两两相对应。而每个人又都是独一无二的，因为每个人显现的点都不一样。有的人是显现大气的点，有的是显现自私的点，有的是显现懦弱的点，有的是显现热情的点，这些不同点交织在一起形成了形形色色的人。没有显现出来的点不代表不存在，它一直都在。人心中显现出来的点形成了个性，个性导致了命运。

比如，有女人呈现虚荣的点，而自己又无法满足，就会堕落，用身体去换取虚荣；有人呈现热情的点，一定会通过某种方式去释放；有人呈现挑剔的点，很难获得开心。

如何了解人心之上的人性？通过了解自己才能了解人性，因为我们自身包含了人性所有的点，我们共用一个心灵。透过自己的大气去了解人性的大气，透过自身的自私了解众人的自私……透过自身所有的点就能看明白所有人性的点。当我们今天呈现勇敢的点，就一定有恐惧的点，只不过因为恐惧给我们带来不好的东西，所以被我们尽可能地压抑掉了。心里会想我怎么能恐惧呢？我怎么能懦弱呢？男人怎么能哭呢？这个叫越抗拒越持续，越持续越压抑。凡是我们抗拒的点，正是我们需要成长的点，我越抗拒的正是我越需要的。

《道德经》第二章说得很清楚：天下皆知美之为美，斯恶已；皆知善之为善，斯不善已。故有无相生，难易相成，长短相形，高下相倾，音声相和，前后相随。所有的点都是两两对应，就像硬币的两面，只要这个世界有命名，赋予了意义，认定了美，就有丑的存在，所以我们的世界也变成了二元对立的世界，要么对，要么错。就像亚当和夏娃，当他们没有吃禁果的时候，他们赤身裸体，没有分别心，也称之为无相，当他们吃了善恶树的果实，因为分别心生欲望，对这个世界开始了两两对应的区分，从此失去了伊甸园。

当我们虔诚的时候，感动的时候，敬畏的时候，爱的时候，我们会不由

自主的双手合十。双手合十意味着什么，左手代表善，右手代表恶，这个动作代表我们进行了合一的一体性的状态，所以你不自觉地会去这样做。当我们接受那些不想呈现出来的点的时候，看到它并承认它存在的时候，你发现你更有力量了，你能回到一体性上，靠近真实的自己。

小时候，常听族里的长辈讲在人性里的争战故事。老人说："这个故事就是关于两头狼在我们心里斗争的故事。每个人的内心都住着两头狼，一头是黑暗之狼，代表着愤怒、嫉妒、贪婪、罪恶、虚伪，另一头是光明之狼，它代表喜乐、仁爱、和平、慈悲、善良。"

老人停了下来，问道："当两只狼在一起打架，哪只狼会赢呢？"

答案是："你喂养的那一头狼。"

三、角度

财富除了时间和空间的看法，还有角度。不同的角色，不同的身份，不同的视角，对事物的看法都会不同。你在山脚下和在山顶上，山还是这个山，但风景却是不同的。

1. 我们很多时候都是站在"我"的角度思考问题

曾有美国记者采访一个囚犯，问他为什么会到了今天这个局面？那个囚犯说："我有什么办法？我爸爸吸毒，我妈妈酗酒，我住在贫民窟，没有人看得起我。"这个囚犯有个哥哥，是某个地区有名的律师。记者又采访了他的哥哥，问他是如何获得成就的？他的哥哥回答："我有什么办法？我爸爸吸毒，我妈妈酗酒，我住在贫民窟，没有人看得起我。"

这是一个很有意思的答案，即便同样的父母，同样的环境下，人与人都是不一样的。更何况我们在不同的背景、不同的父母、不同的经历下成长的。

人际关系中凡是争吵，凡是有矛盾，凡是不痛快，都逃不开一个点：都在证明自己是对的。只要你和别人发生争吵，你都在证明自己是对的，可是真的是对的吗？不一定，山脚下的人看不到山顶的风景。所以当你和你的爱人、孩子等发生冲突的时候，问问自己，我是不是又在证明自己是对的？很多时候，对了又怎么样，这就好像手术很成功，病人却死了。尤其是最亲近的人之间用这句："我都是对的，我这都是为你好。"这句话让彼此陷入痛苦。是的，道理是对的，可是我们就是无法接受和改变，我们只会因为触动才会做出改变。

一个人是无法改变另外一个人的，只有改变价值、转移价值、增大价值，在价值的推动下才能发生变化。如，有一个地主养了一头猪，想让猪干活，跟猪讲道理是没有用的。但是要告诉猪："你去拱地吧，只要拱 3 次，地里就有地瓜。"猪为了地瓜的价值就去拱地，发现真的有地瓜。于是地主又告诉猪："你再拱 7 次，地瓜更多。"猪又去了，真的地瓜变多了。到第三次，猪对主人说："主人，你不用操心了，该干什么干什么去，我拱地去了。"

又如，一个孩子上学压力很大，开始厌学，便给我们老师打电话，老师就说了几句话，就彻底改变了孩子的行为。老师说："很理解，普通人遇到这些情况都有压力。你知道国家主席 11 天走访 5 个国家，近 50 场活动，累计飞行 45 小时，行程总计 36000 千米，除了这些他要烦的事多不多？他累吗？他可以逃避吗？普通人把困难当极限，领袖是把困难当起点。你是普通人还是领袖？"孩子交流完立即做了改变。

当有人遇到了问题，碰到了困难，他会说三个字："为什么？"我的老公为什么这样对待我？那个市场为什么不好？我的孩子为什么会叛逆？他的焦点都在过去，但过去不能改变，他就开始进入负面情绪，开始抱怨，都是别人的错，都是老公的错，都是客户的错……进入了一个恶性循环。

如果同样是这个人，他把思考角度换成"要什么"，如，跟别人发生矛盾，如果你只是为了证明自己是对的，你永远都解决不了问题。首先你要问一问

自己：我和他已经发生这样的矛盾了，我要什么？我要什么样的结果？我是要跟他关系更好呢？还是从此不再往来？学会以结果为导向，我是要证明我是对的，还是要幸福。"要什么"，它的焦点在未来，未来有改变的可能性，他就会想办法，然后进入一个正向的思维模式。

所以问题出来的时候我们首先问自己"我要什么"。"我要快乐的感觉"还是"我要证明自己是对的"？觉察下自己到底在想什么，一切的智慧从觉察中开始。

如果每个人都站在"我"的角度思考问题，这个平台是我的，这个公司是我的，请问还会有人愿意为你主动干活吗？没有人会愿意为别人做事，每个人都愿意为自己奋斗。你把企业当成自己的，只能用你的思维去经营企业；你把企业当成大家的，你就会用大家的眼光来做公司；你把企业看成是社会的企业，你就会用社会的眼光来经营企业。

学会做一个不"二"的人。我们很多人只在"二"的层面，如好的坏的，对的错的，而我们总是要好的东西，不让那些坏的出现。如"恐惧"大家都不喜欢，可是它有没有用？假如你没有恐惧，意味着你到马路上会无所顾忌地横冲直撞，所以恐惧它是来保护我们的。我们生命中每一样东西的出现都不是偶然，你所认为的负面只是因为你没有智慧去看到它，转化它，让它成为你的资源，所有的情绪背后都有正面的东西。

当你认为这个社会是善的时候，恶就已经产生了；当你认为这个社会是美的时候，丑就产生了。这个世界就是通过这样的"二元对立"让我们痛苦。院子里的小花，它会说："大的花好看，我是小花不漂亮。"大海里的浪这个高点，那个低点，低一点的浪会说："高一点的浪好厉害。"它们会有这样的想法吗？其实这些想法只是来自于我们的头脑，真实的世界不会介意这些攀比。我们一般人一碰到问题就束手无策，高手却永远可以把问题转化，并为己所用。

2. 进到"你"的角度和"他"人的角度思考问题

能否进到对方的角度，也就是"你"的角度和别人的角度呢？

前面说过，什么是值得我们做一辈子的事情？就是你好、我好、大家好的事，也就是利国、利民、利众生的事。有的人问："今天出来的产品市场不错，我能不能做啊？"能不能做不用问，你只要问这个东西符不符合三赢标准，那你就可以考虑做还是不做。这产品我自己喜欢吗？对它有没有热情？如果你觉得没有，觉得不值得坚持30年，那你真的要再听一听自己的内心，而不是要从中赚多少钱。如果只是为了赚钱，你一定会被新的商业替代。

所以这个"你、我、他"也就是"你好、我好、大家好"的角度很重要。父母都会觉得孩子是自己的，而事实上孩子只是经由你来到这个世界体验他的生命。这个世界上唯一以"分离为基础"的爱，就是父母对孩子的爱。孩子长大有自己的家庭，有自己要走的人生，当站在"我"的角度，那教育孩子只会从"我"的角度来教育。每一代孩子都比父母要聪明，如果一直在用过去的经验，怎么可能培养出一个未来的孩子？你的思维就已经把你局限在"我"这个角度。

如果把孩子当成是社会的，就会以社会发展的角度来教育孩子；如果把孩子当成是世界的，就会以世界的眼光来培养孩子。可是这个世界最搞笑的事情是什么？连一个下岗农民工都觉得"孩子是我的，要听我的话"，听话意味着什么？听话就意味着"我控制你很成功。"如果一个农民工都觉得孩子要听话，那这孩子未来的前途会怎么样呢？每一代孩子都比他父母的基因更优秀，如，当你拿到一个全新的手机，你的孩子一定比你更擅长用这个手机的功能。这是整个社会发展的规律。你还指望你的孩子要听你的话，最终成为你的复制品吗？你是一个什么样的人就会影响孩子成为一个什么样的人。所以当父母对孩子说："你要听话"的时候，是一件多么可悲的事情啊！你是站在自己的角度来教育孩子的，或是站在社会的角度来教育孩子的，还是站在世界的角度来教育孩子的，不同的角度一定会培养出不同的孩子。

每个人在不同的场合都有不同的角色定位。在事业上，就怕亲戚家人参与管理，于是角色混乱。本来在家里老公是当家的，一到公司，老婆是总经理，是老公上级，可又是夫妻关系。在讨论事情的时候，不自觉就把家里的身份带进来，不仅不能解决问题，反而夫妻双方感情也受影响。在欧洲的一家企业，当儿子接受父亲传下的董事长身份时，在工作会议中，他会戴上一顶帽子，告诉父亲："我现在以公司董事长的身份来发言。"这样角色不混乱，角度就不会出问题，事情才能处理好。

当我与钱产生连接的时候，是以过去穷人的心态来对待，还是以富人的心理来对待？我们看钱的角度是美好的？还是匮乏的？假如我是马云我会怎么做？假如我是比尔盖茨我会怎么做？假如我是一个领袖我会怎么做？用不同的角色来拓宽自己的眼界。

经过对"财富时空角"的系统整理，我们看待事物就会以更广阔的视角来思考。时间上，你是用未来的角度看待现在？还是仍然用过去的思维模式来解决今天的问题？空间上，你是商业？事业？还是伟业？角度上，你还活在"我"的角度上，永远在证明我是对的？还是有同理心、慈悲心能站在对方的角度上？还是站在大家的角度？当你清晰了这些，你的财富关系自然会发生改变。

创造者与创造物

当我们选择玩一个游戏的时候，我们既不会选择太难的，也不会选择几秒钟就结束的。人生就好像选择了一个游戏，我们不会让自己玩得太过容易，那样人生就毫无乐趣。就像看电影，所有精彩的电影，都是起起落落。我们不会选择一帆风顺的电影来看，因为觉得很平淡。我们的"小我"也是如此，不会让自己太顺畅的。

在游戏里经常会有游戏币出现，但是它很有限，好像很容易就全消费了。但系统也不会让你拥有无限的游戏币，不然就没意思了。我们现实中的财富也如同游戏中心游戏币，看似好像很少，但实际上你所拥有的远比游戏里的多得多。

我们如同被创造出来的一个角色，如果创造者像这个宇宙一样拥有无限创造的能力，那我们作为创造物也应该具备这种创造的能力。可是我们忘了我们也是创造者，我们把游戏当真了，我们过于投入，就像梦境一样。当我们在梦里的时候，我们是如此真实地感受着开心与痛苦，于是我们在现实世界开始较真，远离了我们的天人合一、圆满具足的实相。

我们如何回到天人合一？如何拿回创造者的能量？只有一条路：爱上自己。如果爱没有增加，一切都不会改变。

红尘中的爱是一种交易，真正的爱是单向的，只有我爱你的权利，没有要求你也爱我的权利。在托尼老师课堂里讲得最多的一句话就是：我爱我。这个爱是无条件地接纳自己。很多人学完后，不是爱，而是给了自己一个自私的借口。真正爱自己，一定是不再挑剔他人，不再评判他人，就如玫瑰有

玫瑰的美，玫瑰绝对不会用自己的标准去衡量百合花。各自有各自的美，各自有各自的特点；不再评判自己，无条件地接纳不完美的自己。只要当你评判，无论你评判自己还是评判他人，你就会远离爱。只要你会比较，会嫉妒，会执着，会挑剔，就不可能圆满，回归的唯一能量通道就是爱。如果爱没有增加，一切都不会改变，所以我们爱别人，就是爱自己。爱自己的方式：为自己的人生负责任，不再向外找原因，向内求，用感恩的方式化解分别、妄想、执着，回归到本源的爱。

人生如戏，"我们要认真地玩，而不要玩得太认真"。

对于一般人，一旦认定的看法是很难改变的，就像我们一旦认定一个人是自私的，那他做什么你都觉得自私。而无论多么自私的人，他的朋友们依然能看到他好的一面。我们很难扭转我们固有的看法，所以命由己造，相由心生，境随心转。心就像投影源，外在的发生，就是我们心的投射，心不同了，投影源就变化了，屏幕的影像也随之变化。你的情绪，你所相信的，都会透过身边的人，在外在的世界中投射出来。

我们对财富的看法，决定了我们拥有多少财富；我们对孩子的看法，决定了孩子的成长；我们对爱人的看法，决定了夫妻关系。我们无须改变这个世界，只需要改变对世界的看法；我们无须改变财富，只需改变对财富的看法。

我们喜欢钱，想要钱，却总是做着远离钱的事。有的本来财富载体就不大，还要不断地被切小。因为对钱的认知不完善，有些人不知不觉间做了很多远离财富的事，虽然道德法律不能判他们的罪，但是良知会判他们的罪。良知不仅仅是有良心，还要合乎伦理道德，富有"敬天爱人，自利利他"的敬畏、怜悯、博爱之心。人一旦违背内心的良知，就会形成挂碍，心生恐惧，财富的载体就会缩小。

如，有一个杀人犯，杀了人逃跑了。很多年以后，警察抓到了这个犯人。当这个人被抓到后，他做了一个动作：松了一口气。他觉得自己解脱了。他的良知不放过自己，在逃亡的几年中他觉得很痛苦，到处都充满了恐惧，直

到被抓的那一刻，他整个身心才放松下来，觉得终于可以睡个安稳觉了。所以别人不会判你的罪，但良知会判你的罪，然后你会用一生去救赎自己，但你自己不知道，你还会怪这个世界为什么对自己如此不公，因为你根本不想让自己公平。你内心觉得不公平了才需要去平衡。当你做了一件违背良知的事情，就始终会有挂碍，这个挂碍在你的内心就会创造一个让你每天神经敏感、怕这怕那、充满恐惧的世界。你心生恐惧就会创造一个恐惧的世界，恐惧的心灵创造不出平安。

做哪一些事情会让我们财富形成挂碍呢？主要有以下三点，凡经常做以下三点的，都是在破坏自身的财富关系。

挂碍第一点：有没有做过对钱"应该做"而没有做的事？

哪些事是对钱应该做而没做的事？

如，借钱故意不还。

如，占便宜。买东西时，别人找错了钱，你理所当然拿着就走了。

如，孝顺父母的钱没有给父母。有人说："我父母过得比我还好，我自己都吃不上饭，他们两个退休金加起来有好多。"你回想一下，当年父母在养你时，有没有因为他们在外面欠债了就不养你了？所以孝顺父母的钱一定要给父母。

如，浪费。有个旅游团队去德国，在一个饭店点了满满一桌子菜，结果浪费了很多，旁边的德国老太太就打电话报警了，然后旅游团的人不服气，说道："我花我自己的钱，你打电话报警，跟你有什么关系？"德国老太太回答说："钱是你的，资源是社会的。"

如果你没有看到挂碍并消除挂碍，那你还是会回到那个固有的模式，不断的恶性循环，不断轮回。

挂碍第二点：有没有对钱做了"不应该做"而做了的事？

这个就多了，不该拿的拿了，不该拥有的拥有了，坑蒙拐骗，算计，多拿多占等数不胜数。如，有人做生意，缺斤少两，冬天卖鱼，会加冰块；种水果蔬菜，打不该打的农药；食品里加不该加的添加剂，明知损害他人身体依然不管不顾；虚吹产品功能；公家的东西占为己有；弄虚作假等。凡是以

上这些都是内在良知的挂碍。企业做得越大，挂碍就越多。这些内在的平衡，良知会来评判。我们眼光浅，以为别人不知道，却不知内在的"神明"一直都在，钱怎么来的就怎么走。

挂碍第三点：有没有对钱做了"不想让别人知道"的事？

每个人或多或少，都曾对钱做过一些不想让别人知道的事。如，小时候偷钱，感到很害怕；占便宜；公司倒闭跑路；用金融坑骗他人财物；逃税漏税；敲诈勒索；贪污行贿；嫖娼堕胎等，不计其数。不只是钱，做了不想让别人知道的事，都是心里的挂碍。有些事情你偷偷做了，别人不知道但你自己知道，良知就会惩罚你。惩罚的途径是什么？它会创造某些人、事、物来让你痛苦，痛苦后你就会内心平衡，良知就安稳了。这个世界的能量是平衡的，你会在内心寻求平衡的过程中不断地自我伤害，这个伤害不是自己拿刀割自己，而是创造出一些事情自我惩罚。如果这个时候你完全没有觉察，还把事情推给别人，嘴上说："你看，都是你的错。"此时，你会从受害者变成指责者，然后就会继续倒霉。出来混早晚是要还的。

所以我们经常说："今天这个结果不就是你想要的吗？"你看，这个世界的"小我"的把戏好玩？人间就是一场大戏，你自导自演，还把责任推给别人，忘了"随工巧匠缘"。

这些都是来阻碍我们和财富关系的，如果未来还不以此为鉴，我们的财富关系会越来越糟糕。

情绪与财富的关系

影响财富关系的因素还有情绪。大部分人都愿意把人生的喜、怒、哀、乐的决定权放在别人手上，如别人夸我们，我们就开心；别人没有按照我们的期望去做事，我们就很愤怒……我们过得好与坏，好像都决定在别人的手里，我们完全失去了生命的主动权。

情绪和我们的身体健康相关联，70%以上的疾病都和我们的情绪有关。如，固执的人容易便秘；愤怒的人容易长斑，容易秃顶；焦虑紧张的人容易胃疼等。身体好像是情绪的载体，情绪是身体的报警信号，不同情绪对应不同疾病。70%的人会以攻击自己身体器官的方式来消除自己的情绪。某个情绪长期的堆积会导致身体器官承受不了，爆发出来就成了疾病。所以，一方面我们通过锻炼身体让承载情绪的载体放大，另一方面情绪能够疏通，身体自然就会健康。

情绪之所以不好驾驭，是因为我们知道有了负面情绪是不好的，生气是不好的，指责是不好的，怀疑是不好的……但我们为什么还会有这样的情绪呢？我们学了很多东西，明明知道这样做是错的，但为什么还是重蹈覆辙呢？因为情绪是有瘾的，就像抽烟、喝酒、吸毒一样，愤怒、悲伤、委屈也会上瘾，会重复发作。

一般人在情绪处理上，第一种是压抑。在小的时候，男孩子哭泣，父母会说："男子汉大丈夫，哭什么哭？"孩子的情绪就会变成压抑，隐忍；第二种就是爆发，压抑不住的时候就会爆发，身边的人都会受到伤害；第三种就是转移，抽烟、喝酒、赌博等，这些都是情绪转移的方式。

只要情绪不疏通，反复多次发生就会形成瘾，人体的多巴胺经常处于某种情绪，多巴胺就会让这种情绪成瘾。

在小时候，我们有了某种情绪，就会自动去释放，难过就会哭，开心了就笑，情绪表达得非常直接。可是大多时候，我们的情绪是被切断的。如，孩子哭，妈妈就会哄："不哭不哭，给你糖吃。"情绪就这样被中断了。下一次再释放的时候，又有人来哄，或骂，情绪又被中断，如此三番五次的重复切断，慢慢这个情绪就形成了瘾。有的人是愤怒的情绪，有的人是不公平的情绪，有的人是悲伤，有的人是委屈，每个人或多或少都会进入不断的情绪轮回，每一次重复出现的情绪又再次强化这种情绪的瘾。

如果你经常出现愤怒的情绪，不仅仅是某件事让你愤怒，而是你会经常莫名其妙地想发火，这和抽烟的瘾上来了是一样的。有时候你好久没愤怒了，心情一直挺好的，可是这个瘾上来了，当你遇到一点小事情，如果对方不按照你期望的做，你的愤怒就会爆发出来。相当于你情绪的瘾出现后，你把别人的手拿过来，按一下你身体的开关，你就会理所当然地把责任推给别人，认为都是别人的错。"你看，都是你这个人让我愤怒的，都是你做了某件事让我发火的。"然后你就一直在这个愤怒的情绪中出不来，每一次的愤怒又强化了这种瘾。如果你看不清真相，完全陷入这个情绪中，大脑还会编各种正当的理由。

如，小时候经常受到不公平待遇的，尤其家里孩子多的，在她成长的过程中，就会经常遇见不公平的事，不是自己被不公平对待，就是经常看到身边的人有不公平的事发生。我们陷入其中，根本难以发现，是因为我们的瘾才会导致事情发生。

如何改变这一现状？要学会觉察。看到自己情绪的瘾是什么？经常反复出现的情绪是什么？一切改变从觉察开始。

首先要先看到情绪的出现。

第一阶段：事情发生后，你立即产生了情绪，继而产生行为。你会发火，

你会赌气，你会冷战，等情绪过了以后，你会因为自己的行为后悔，这就叫作后知后觉。

第二阶段：等你有觉察能力后，事情发生的那一刻你就知道，是我的情绪来了，这个情绪是我对某件事情有了自己的看法，然后我向对方做了什么导致别人这么对待我。也就是在当下这一刻你就意识到你的情绪了，这叫当知当觉。

第三阶段：当你觉察能力发展到一定程度后，每当情绪要出来时，就能够意识到，你就可以提前照见全过程及相，之后就能提前处理好，这就叫先知先觉。当你看到这一过程，你会发现，"小我"无法操控你，你将成为自己的主人。

能看到这个情绪的瘾又上来了，就不会任其摆布，逐渐地把主动权掌握在自己手里，只要自己能驾驭好自己的情绪，没有人可以伤害你，除非你允许。

如，有个女学员在一个重男轻女的家庭出生，父母都想要一个儿子，而她作为一个女孩出生了，于是父母都不喜欢她，给她留下了悲伤的感觉。慢慢地，在婴儿期、儿童期，甚至成人的时候，她会不断出现一种被遗弃的感觉。所以当这个瘾出现的时候我们唯一要做的就是看着它，它令我们身体哪个部位不舒服，只要看着它，静静地看着发生的一切，直到慢慢转化。

其次，回顾小时候最早发生这个情绪的场景是什么？进入画面，去看到受伤害的点，同时也看到能够学习到的点。一件事情必定有正反两面，看到事物发生的另外一面，就能为你所用，也只有把最初的那个瘾的源头找到，自然慢慢就能化解。

在前面讲人性的时候有嫉妒，再看看其他情绪对我们有什么样的影响。

1.愧疚是最接近死亡的情绪

如，我今天打了孩子，我心里很难受，为什么我明明是爱孩子的却要打他呢？于是这时候我开始愧疚。等我愧疚之后，也觉得心理平衡了。然后下次再发生同样的事情，我还会打孩子。愧疚是为了让自己心里好受点儿，下次的行为会更加理直气壮。

又如，有个学员事业做到很好的时候，突然破产了，表面的原因是产品出问题，团队出问题。通过交流，我发现他所说的那些问题都不是核心问题，他身上有很明显的愧疚之心。小时候他是住在舅舅家，舅舅对他比亲生孩子还要好，非常疼爱他，就在他事业有所成就的时候，他的表弟出车祸死了，舅舅在一夜之间就白了头发。他每次见到舅舅就很痛苦，痛苦的背后有一份愧疚的情绪：他自己过得那么好，而表弟已经离开了人世，最疼爱自己的舅舅如此悲惨。自己越好，见到舅舅就越愧疚。后来他的企业倒闭，婚姻破裂，还欠了很多钱。这个时候他见到舅舅，反而放松了，不再愧疚了。

人生并没有因此而结束，凭他的聪明和努力又开始了新的人生，找到了新的爱人。可是对于情绪的瘾，他没有看到，又会进入下一个轮回，他依然对愧疚上瘾。这次爱人怀孕了，他的前妻又要和他复婚，他很纠结。他说，如果他现在的爱人生下这个孩子，他与前妻的儿子就会受苦，他不想他儿子像他小时候一样被别人欺负，被别人看不起，于是他想复婚。

通过这个案例，我们看一下全过程，不管他复婚，还是和现在的爱人结婚，他会幸福吗？无论他和谁在一起，只要愧疚存在，他总会找到一个人投射出去，不是对前妻愧疚，就是对现在的爱人愧疚。结果就是他再次破产，失去所有，前妻也不再想和他复婚，于是他和爱人在一起了。他的爱人也是我们学员，我对她说："你终于心满意足了，这不就是你想要的吗？"

看似破产了，欠债了，公司没了，可是这个男人终于不纠结了，可以安心地和她在一起，孩子也顺利出生了。所以她很清楚这就是她想要的结果。

如果这个人不解决愧疚的瘾，不收回内在的投射，生命会一直轮回，相同的情绪，不同的故事，结果都是一样。

2. 委屈是孩子的状态

所有过往的情绪，在我们的心里都是有痕迹的，很多人的眼中都有委屈的情绪。委屈是未成年人的状态，就是你应该对我好而没有对我好。

这个世界哪有什么是应该的，我们在成人礼的仪式上讲得很明白，这个世界没有人应该对你好，凡是对你好的都应该感恩，包括我们的父母。

3. 愤怒是内在的力量不够

我们对一个孩子不会愤怒，只有当我们内心力量不够的时候，你会用外在的力量掩饰内心的脆弱。看到别人违背了自己的意愿而大发脾气，或者看到某些事情不合理而愤愤不平，不满的情绪发泄于外。越是容易愤怒的人，内心越脆弱。怒伤肝。

4. 纠结是不愿意承担责任

我到底是选这个还是选那个？不知道该如何选择，就是不愿意承担选择后的代价。尤其让别人帮忙做出的选择，就可以把责任推卸到别人身上。

如，有人是被父母逼着和对方结婚，当过得不幸福的时候，她就怪父母。事实上父母没有拿着枪逼着你做决定，最后能结成婚还是自己做的选择，只是由父母来显化，但是这种人就可以做一个推卸责任的人，任何的不幸就可以怪罪到别人头上。我们要为自己的人生负责任，所有的一切都是自己的选择，只有清晰这一点，我们的命运才可以掌握在自己手上。

5.恨是自己的利益受到侵害

当欲望没有得到满足，或自尊心受到伤害的时候，耿耿于怀，没有机会发泄愤懑，藏在心中，盘算着如何报复，如何出气。当你恨人时，觉得对方活得很逍遥，自己就会悲伤。悲伤心。

6.悲伤是以为失去了原本属于自己的东西

这个世界有什么东西是属于你的呢？你的爱人？他只是和你一起经历生活的人。你的孩子？他只是经由你的身体来到这个世间，他自有他的家庭，他的人生。你的房子？你死后，你都不知道房子是谁的。你的企业？中国最长的王朝就是周朝，也就700多年，你企业中的人才还能比一个国家的人才多？再长久的企业都有消亡的一天。有什么是你的呢？

7.怨是自认吃了亏

当自己受到欺侮或压抑的时候，事情不顺心的时候，有种有苦难言的心情。怨，只会怨别人，觉得都是别人不好，心里越来越憋屈。怨不会伤人，只会伤自己。一个人爱抱怨，他的心声就是我做不到，做不了，代表无能，承认自己没本事，就会胡思乱想。思伤脾。

8.恼往往出于嫉妒

对待自己不喜欢又不能摆脱的人合适的时候，所表现出来的心理状态。觉得事事不顺心，说不出，道不明，有时候做一点儿小动作或表现得虚伪，又被人发现了，于是就懊恼。当你不服人的时候就会出现忧愁，对未来失去信心。忧伤肺。

9. 烦是遇事不果决

烦是一种窝囊、自卑的苦闷心境，自己无能，做事缓慢，却总是嫌别人不合自己的心意；遇事不果决，好犹豫，好后悔，严重的就是总在自我封闭中生闷气。当自我否定的时候，对生活没把握，就会有恐惧。恐伤肾。

10. 恐惧是一种自我保护

如果今天没有恐惧，我们走到马路上就会横冲直撞。如，很多人上台演讲会害怕，而这个害怕是在保护你，让你不用上台出丑，是一种自动的保护机制。

11. 痛苦是希望破灭后出现的一种心理不平衡

就像梦想不是用来实现的，是用来寄托伟大灵魂的。无论生命经历了什么，始终拥有美好的希望，人生才能逆转。

如何化解对人们命运有着负面影响的情绪？

有的人学习完，好像境界提升了，于是回到生活中：我已经成长了，你这样对待我，我要原谅你。我们经常会用"原谅"这个词语，原谅意味着什么？一旦你用"原谅"这个词语，你就进入了"我高你低"的状态，我原谅你了，也就是说你做错了事，我高高在上不和你计较。这个世界上没有人愿意跟一个"你高我低"的人在一起，就像当我们爱别人、为别人好的时候经常会干一些事：我建议你怎么样，你应该怎样做，我这样做都是为你好呀……我们是不是很喜欢给朋友、爱人、孩子建议？

我们经常会用"建议法"，当父母爱孩子的时候，就是"你应该……"孩子就学会了模仿，他的潜意识收到了"你对一个人好就应该给他建议"，所以成年后，我们很容易变成十句话中有五句话是在给别人建议。这个建议是处于"父母高孩子低"的状态下的，我们身边是没有一个人会喜欢"你高我低"的状态，原谅也是如此，当你心里想着原谅的时候就意味着"我比你高"，

对方是能感受到的。

　　我们要做的是"宽恕"。宽恕是我们借由宽恕对方来宽恕自己，宽恕自己的投射，这一切是我投射出去的，我要收回投射。或者宽恕自己来宽恕对方，因为外面没有别人，一切都是自己投射的全息幻相。这是一个过程，你今天宽恕了，明天还会有情绪发生，你继续宽恕，可能我们一生都在走这个过程。

自我设限

知道了情绪对财富关系的影响之后，我们发现，还有很多人喜欢自我设限，明明机会就在眼前，但就是不愿意去抓取。让我们一起看看人们对财富的四种设限。

第一种设限：没能力、没可能、没资格、我不配、不值得。

没能力：能力是一个相对的概念。有没有一些时候，你觉得没能力，但在别人的鼓励之下最后做事成功的？实际上，能力是自己的，只是你不自信。

没可能：1997 年前，100 米的短跑比赛，没有人是在 10 秒内完成的。1997 年以后，有个叫刘易斯的人以 9 秒 84 跑完了 100 米。自从刘易斯创造了这个记录后，奥运会每年都会有很多人以 9 秒多的成绩跑完 100 米。难道以前的人能力差吗？因为过去没有人做到，无论是医学、科学都认为这是人的极限，不可能做到，所以大家都觉得没可能。一个人认为不可能的事情，就不会全力以赴去做，不可能会限制我们的潜能。人生中就是因为"不可能"，让我们流失了太多的机会。

幸福也是这样，你明明有机会和你心爱的人过得很好，因为你这种惶恐，你的那份"没资格""没可能"让你阻断了幸福。

如，有个单身女孩想找男朋友，别人给她介绍了一个一米八、长得很帅、具有明星般的气质、又超有钱的男人，而且这个男人觉得不管她长得怎么样，在自己眼里都是最美的。这个男人很喜欢她，他就想跟她在一起。女孩会怎么做？女孩也许会说"我不信""不可能""根本不会发生这样的事，他不会和我在一起的"，我猜很多女孩都会这样想。那我问问那些单身的男人们，

假如今天出现了一个无比优雅、超漂亮、超有耐心、超善良，符合女神一切标准，而且有上亿资产，又体贴，又包容，又有智慧，各方面都好的女人，爱你爱得无法自拔，请问你们敢接受她吗？我问过几个相交甚好的男性朋友，他们的回答是：不敢。

假如真的有这样一个人出现的时候，我们会感到害怕，虽然很想和他（她）在一起，但我们的内心会抗拒，你会觉得不可能，你会觉得这不是真的，我没资格，我配不上。当然，你肯定不会很明显地表现出来，你甚至会说："我很喜欢他。"但你的潜意识就会想象一些画面，或者让他发生一些事情，然后你会证明他不是真的爱你，然后你就可以找到理由说"你看我们真的不合适""我知道他不会真的爱我"等，大家想想是不是这样？同理，我们小时候被父母打过，骂过，就会认为父母不爱自己，然后由自己的潜意识制造各种经历来证明父母真的不爱我们。其实这些都是我们自己所臆想出来的。

财富也是如此，我们每个人对自己其实都有一个定价，超过这个价格，就会惶恐，就会不踏实。我们想要拥有财富或者想要拥有一样东西，最快速的方法就是："我配得上。"而真相是：我们配得上任何我们想要拥有的，因为我们本自圆满具足。

这个道理真的很重要，乔布斯为什么成功？是因为他是商业奇才吗？是因为他创造了某些产品吗？这些都是表象的东西，真正的原因是"敢于提要求"。他在任何时候都觉得自己有资格拥有这一切，有能力去拥有他想要的东西。所以，以后你千万不要再说自己没能力赚钱，没能力获得幸福，没能力拥有爱。当你真的遇到的时候，去感恩宇宙吧，因为你是有价值的，你是独一无二的，你有资格拥有你喜欢的人、事、物。

当你拥有以后，你只需要去做更多的善事来增加你的福报，因为宇宙是如此爱你，它绝无可能去创造一个伤害你的世界，真正伤害你的只有你自己，是你体内的"小我"，它会千方百计为你制造事件，并产生痛苦，通过控制你的潜意识制造各种问题，然后让你感觉你的选择都是对的。"小我"的把

戏多么好玩，如果我们没有觉察就很容易失去幸福，成为受害者，然后进入恶性循环。

不配得、不值得。当你说一个字"更"的时候，如，我要变得更漂亮一点儿，我的身材要更苗条一点儿，我的企业要更大一点儿，我的课要讲得更好一点儿……你这是在确认自己的不圆满。所以，当你一直在这个"我不够好"的状态上，连自己都认为自己不够好，又怎么让别人觉得你好呢？你怎么可能有资格配得上你觉得好的东西呢？欣赏也是一样，你能看到别人的好是因为你真的看到了自己的好，而你挑剔别人的东西都是你内在的自我挑剔。所以我们要宽恕，宽恕你对别人的挑剔，从而宽恕自己，达成自己的圆满。这个时候你有资格去拥有世界上任何一样东西，你根本无须在意别人嘴里的"应该"，更不要在意世俗的眼光，当你活出精彩，活出幸福，一切都会围绕你转。

当你完全相信的时候，宇宙就会完整地呈现给你，你根本无需担心外界的一切声音，因为那都是"小我"的声音。所以请记住这句很重要的话："人生是因为相信而得到，不是因为得到而相信。"如果你不相信坐飞机是安全的，你不会去坐飞机的。你不相信的东西，你不会去尝试的。相信或许有风险，但不相信永远没可能。相信永远比不相信多一点儿机会。

有一个著名的实验：水缸里有一条鱼，有一侧放着食物，食物前放了一块玻璃，这条鱼每次想去吃食物都被玻璃拦住，无数次后鱼放弃了。有一天这块玻璃被拿走了，可这条鱼依然是游到之前就有玻璃的地方就返回去了，它看着眼前的食物，却完全不相信自己可以吃到。每个人童年受到的创伤、分裂、阻断随着年龄的增长就会让自己的潜意识麻痹，然后我们还会觉得自己很聪明，很有智慧，会说："我知道这个人啊！""我明白这个事啊！""我完全看透了呀！"就像这条鱼，以为游过去是不可能的，就一直活在不可能的世界。

大部分人只会看到自己想要看的，会用限制性信念来加强自己的判断，并证明自己是对的，即使我们童年曾经受到过某件事情的伤害，那也只是我

们生命当中万分之一的经历而已，我们不能因为这些事情而影响我们生命的全部过程。甚至我们曾经被骗过，就不再相信人，这就是因为一个人而改变自己的命运，但是却忘了，相信创造的价值远比不相信损失的代价要多得多。

可惜文字表达的永远是道理，你看得再兴奋仍然不会有任何改变，只有通过机缘来到我的线下课程，通过大量的练习和实战，你才有机会真正穿越这个没能力、没可能、不配得、无价值感的限制。

第二种设限：我们不允许自己过得比父母好。

我们很多人不允许自己过得比身边人好，甚至不允许自己过得比父母好。

这句话看似很荒谬，我们怎么可能不允许自己过得比父母好呢？可事实上大多数人的潜意识里就是不允许自己过得比父母好。

小时候有没有类似这样的经历：当你在外面玩得特别开心，然后一身泥巴地走回家，门一开，乒乒乓乓，父母又在吵架了，本来你面带笑容的，看到这个场景，你还敢继续笑吗？你立即变得严肃起来，甚至不敢发出声响，心情也一下跌落低谷。可父母没有说在他们吵架的时候，孩子要不开心吧？那为什么很多孩子会瞬间改变情绪，挂着纠结、痛苦的表情呢？

因为我们是父母生命的传承，我们生命的品质跟他们息息相关，如果你进了家门，他们在吵，你还在笑，这时候你的潜意识会觉得自己不懂事，因此会表现得不开心。所以这个设限很早就种下了。

如，在单亲家庭长大的学员，妈妈含辛茹苦把他抚养成人，到了谈恋爱的年龄，怎么都找不到合适的，似乎妈妈谁都看不上。后来他终于找了一位爱人，两人特别恩爱，可是一见到他妈妈的时候，本来彼此牵着的手立即松开，本来拥抱在一起的立刻分开，好像做了不该做的事。这种莫名的动作背后是什么原因？

儿子与爱人手牵手好像就是对母亲的背叛，因为妈妈不容易，一个人辛

辛苦苦把自己养大，儿子会觉得和自己的爱人太亲密会有愧疚，因为妈妈还不幸福，我这么幸福是不对的，所以儿子不敢让自己过得好，这样的婚姻最终都是以分手为结果。

在财富上，我们的潜意识也会如此。当我们看中一样东西，价格也可以接受，可是想想这是父母辛辛苦苦挣来的钱，于是就不买了。我们的父母从那个穷苦年代过来，都很节约，文化程度也不高，有的在家里务农，拿的工资很有限，甚至身体也不好，过着普通生活。而你今天有房、有车，什么都有了，就跟当年笑着回家看到父母在吵架一样，每次看到父母那样的状态，你内心会有一份愧疚，你感觉自己背叛了他们，你明明可以享受更美好的生活，但你想到自己的父亲、母亲现在生活的样子，你能让自己享受那么美好的东西吗？当你觉得自己不能享受的时候，身边就会出现各种人、事、物，把原本属于你的东西拿走，然后你心里就安稳了，这个就是你潜意识中最深层次的东西。

有的兄弟姐妹几个，姐姐过上了好日子，家庭幸福，可是弟弟妹妹们一直过得很苦，姐姐每次见到弟弟妹妹就会愧疚，帮又帮不了，最后只能自己过得不好，才能让内心舒服。像这样的案例太多了，这个点卡住，是很难改善财富关系的。

有时候真的不是别人对我们做了什么，而是我们跟父母的不一致性导致我们遭遇了各种人物、各种事情、最后夺走属于我们的东西。

天下的父母都希望孩子过得好，我们也一定希望自己的孩子过得比我们幸福，所以我们要允许自己过得比父母好，父母有父母的命运，我们有我们的命运，不管他们过得如何，我们都允许自己过得比他们好。有时，我们会在课上专门做《交还父母包袱》的练习，就是为了解决这种限制自己财富关系的问题。

第三种设限：我们与父母的连接。

全世界富豪榜上有名的，他们都有一个共同的特征，那就是孝。也就是说，与父母的关系影响着我们的生命品质。父亲是我们安全感的象征，当一个人和他爸爸关系好的时候，他就会有安全感，有了安全感就会有无比的勇气和力量，他做事业的时候会相对的顺畅。当我们与妈妈关系好的时候，财富就载得住，而且还加强了我们的人际关系和情感，人际关系又影响着财富关系。

百善孝为先。不是父母的需要，而是我们的需要。就像在我们课程训练中，很多练习勇敢的训练，都不如恢复和父母的关系，一旦恢复自信就会瞬间提升。一个人没有能量，往往是与父母连接不够，没有获得根源的能量支持。

有的人说："我和父母关系很好啊，不吵架，每个月也拿钱给父母。"这些都不代表连接好。两点可以判断你跟父母的关系好不好：

第一点，我们向父母表达爱的时候非常流畅。"爸爸、妈妈我爱你们。"你能很顺畅地对你的父母说这句话。有人会说："那怎么行啊，多不好意思，家里没这个习惯。"这就是你固有的"随工巧匠"，你固有的世界观。人生只有愿意不愿意，你要不愿意，你可以找无数个理由，不是理由让你做不到，是你的不愿意才有了理由。

第二点，肢体接触非常流畅。你可以很自然地跟爸爸、妈妈拥抱等肢体接触。现在有多少人还愿意跟爸爸、妈妈睡在一起？所以你孝不孝顺不是脑袋里"应该"这个东西，而是你发自内心的感觉。

过去很多时候，父母爱我们的方式不是我们想要的，甚至有很多不愉快。尽管很多人表面上已经放下了，其实内心是不接受父母的，身体就会很诚实地表现出来，否则不会抗拒肢体接触。我们的生命经由父母传承下来，接受也得接受，不接受也得接受，没有他们就没有我们。当然孝不仅仅指孝顺，我们尊重父母，同时有自己的主观意识。孝分为四种：（1）身孝，给父母好的生活条件；（2）心孝，在精神上关心、体贴父母；（3）志孝，成为父母值得骄傲的人；（4）慧孝，让父母获得智慧，从而解脱。

过去孩子做错事，别人不会说是谁做错了，只会说这是谁家的孩子，是爹妈没教好，骂的也不是孩子，骂的是父母。所以那时候孩子不敢做太出格的事，怕父母被人家指着脊梁骨骂。我们想要真正孝敬父母，就要做好自己，凭良心做事，不能让父母担我们的过错。

第四种设限：有劳而获。

我们想要买一样东西，会事先计算好，占这个月收入的比重是多少，然后去购买。这个想法没有错，问题是我们想要拥有一样东西，如果仅仅是通过赚钱购买，对于财富的入口则是一个限制。

如，我今天早上想吃油条，我拿着钱去早餐店，发现早餐店的油条都卖完了，也就是有钱我也吃不到。可是我走在路上，碰到了一个好朋友，她邀请我去她家用早餐，拿出油条给我吃，我没有花钱就吃到了油条。换句话说，如果我们想要拥有一样东西，不要限定它以什么样的方式来到我们身边，你只需要张开双手接受，同时感恩。如果你限定一定要通过自己赚钱才能获得某样东西，就是自我限制。

我们的常规思维是"有劳而获"，那结果一定只会"有劳而获"，财富只能通过劳动付出而得到。当然我不是让大家去不劳而获，而是告诉每个人，不要限制财富以什么样的方式来到我们身边，而是要打开更多的可能性。当我们的思维不仅仅只是局限在"有劳而获"的时候，财富的管道将被彻底打开。

就像一根火柴可以变成一栋房子。财富是价值的体现，是我有和我需之间的转化。我用一根火柴可以换取一个水果，一个水果可以换取一个文具盒，一个文具盒可以换成一个工艺品，一个工艺品可以换成一幅画，一幅画就能换一栋别墅。

当我们限定了财富进来的方式，它就只有一种可能性，财富流向你也只有一个通道，其他通道都是关着的，别人想给你，可是你的限制性信念是让

你抗拒的，你是没有机会获得的。

如，有一个学员，她很想拥有一辆红色奔驰车，可是没有钱去购买。就在这时，他的老公有一笔外债收不回来，对方就用一辆红色的奔驰车抵债。于是她就拥有了一辆红色的奔驰车。

又如，有个学员曾经借钱给一个朋友，后来那个朋友开了公司，就把这笔钱作为公司的原始股。这些年他自己一直没赚到钱，可是 8 年后的今天，他的朋友的那家公司上市了，他直接拥有了几千万的资产。

你不知道这个世界的资源以什么样的方式来到你身边，不要给自己设限，就有无限可能性。如果你只有一条"有劳而获"，打一份工才能收获一份工资，那么很多丰盛的东西都不会来到你的身边，包括你喜欢的人，你喜欢的事业，你喜欢的物品，最终都会因为你的设限而被你拒绝在门外。

我们大多数财富不自由的人，都因为这样或那样的自我限定，从而陷入恶性循环，不断抱怨外界的不公，却从来不去觉察自身的问题，这真是可悲的事情。

花钱的智慧

当我们开始明白财富的本质后，我们要开始学习花钱的智慧。

财富不是进就是出，绝大部分的人都是从贫穷开始的，如果你通过某个产品的销售、某个服务来获得钱都是有限的，想要实现财富自由，逆转自己的人生几乎很难。那些获得财富自由的人，往往不是通过赚钱，而是通过花钱来实现的。

我们 80% 以上的消费都是被动流出，"花钱"最能体现一个人的高度、格局、智慧。"花钱"也能决定一个人是否能获取大量财富的根本。财富的第一个本质是流动，我们每个人都想成为有钱人，可是你发现钱来，我们会先守住，当你守住的时候你就变成了巴尔扎克小说中的葛朗台，那个最抠门、最吝啬的人。有的人不会挣钱但会花钱，这种人很容易成为诈骗犯或者啃老族；有的人能挣钱但不会花，我们父母那一辈绝大部分都是这样，这是有钱的没钱人，而我们要做的是既能挣又能花的人。

花钱分三种：消费、投资、投机。

如，有 A 和 B 两人，一起做生意赚了 100 万，后来分开，各分得 50 万。A 拿钱买了一辆车子，B 拿钱买了一套房子。5 年后，A 的车子贬值了，B 的房子升值了，还收了 5 年房租。同样是花钱，结果完全不同。A 的花钱就称之为消费，B 的花钱称之为投资。还有一种就是投机。

用来区分花钱是属于消费还是投资不在于买房还是买车，而是价值的区分，能否带来更大的效益。

消费：你花出去的钱是不能给你带来效益，不能创造价值的。

投资：你花出去的钱能给你带来效益，能创造价值的。

投机：凡是高回报、高风险的都称之为投机。

一般人，赚来的钱95%都是花在日常消费上，消费是不能带来效益的，出口无法转化为钱的入口，所以这也是一般人的钱总是越花越少。只有把钱花在投资上，越花才越有钱。哪怕是一顿饭、一件衣服、一个物品都能区分为消费和投资。所以真正的花钱，是要在消费上降低额度，在投资上的比例要大幅度增加，只有花在投资上的比例加大，才能越花越有钱。而投机不是不能玩，投机是需要对自己的人性有完全驾驭的能力。不管是字画还是房地产，或是金融，所有高风险、高回报的项目都属于投机。

投机有五宗罪：

（1）贪婪。欲望会蒙蔽双眼，大多让你愿意投钱的，都会承诺100%保本收益，绝对的安全。只要是高回报、高风险的绝对不可能是100%安全的。再好的承诺都要记住，高回报的背后是相应的高风险，人们在看到财富的收益是很容易自我屏蔽风险的。

（2）自大。人一旦成功过，就会过度地高估自己的能力，原本是因缘聚成的事，变成了他一个人的能力，一旦在投机中赚到钱，好像以为自己无所不能了。

（3）从众。"大家都这么做"，这是很多人的心态。即便被骗也不可能这么多人被骗吧？

（4）全情投入。一旦赚到高回报，会追加投入资金，甚至抵押房产，不仅自己投入，还要让身边的人投入，一旦风险出现，全部崩盘。

（5）虚荣。在大家的怂恿下，激励下，为了面子而投入金钱。

每个人都要正确地理解什么是"花钱"，我们要降低消费的百分比，提升投资的百分比，控制投机的百分比。消费比例越少越好，投资比例越多越好，投机绝对不超过50%的资产，以免风险出现而影响生活品质。

花钱的规律：

1. 一般别人给你的钱不会超过你花的钱

如果你平常花钱都是在几万或几十万（除去购买房子、车子等大件），那么你要付给别人几百元、几千元，那是非常容易的事。

大多数情况下觉得产品贵，不是客户觉得贵，而是销售人员自己觉得贵。就像卖保险的或者做直销的，他们总是会解释一下：保险不是你想的那样，不要误会直销等内容。本质上讲不是别人误会了，是他自身的想法透露出来误会的信息。

就像装修房子，两家装修公司，一家总是帮客户省钱，一家是考虑解决客户的需求，哪家能赚到钱？省钱的客户看着是好心，可是一些核心问题不考虑，造成的后果是难以想象的。你的贫穷限制了对财富的想象。因为他根本不知道富人在意的是什么，只是用自己的生活状态去考虑别人的感受。

曾经在我们公司装修的老板，为人很好，很能吃苦，很善良。他们在电路的设计上用了老的电路，只是花了很少的钱做了维修。他很好心地告诉我，帮我省了好几万。结果房子装修好一段时间后，隔三岔五地停电，电工怎么都查不到原因，当时真的是很影响工作。

一个真正想要赚钱的优秀装修设计师，一定要去各个顶级的地方体验，去最好的酒店经历，才能提升自己的眼界，体验富人的体验，那些豪宅才会让你装修，你才会装修出富人想要的感觉。

为什么普通销售人员做不过老板？因为销售人员平常花钱都是在几百、几千，所以他无法收到大钱。那如何在本来没什么钱的前提下让自己有机会花大钱呢？降低消费的次数，增加单次消费的额度。如，平时隔三岔五买衣服，可参加一些正式场合的活动时，却发现一件都没有拿得出手的，花十件

衣服的钱只买一件。如，每个月存下一笔钱，一年下来单独消费一次大额的，这样就有机会提升消费的额度，能留下花大钱的信息，才能传递出别人愿意给你大钱的感觉。

2. 穷人看价格，富人看价值

有些人不管对方报价多少，都喜欢来一句：能不能便宜点儿？能不能打折？要是对方一下打了对折，你心里还会来一句：刚才砍价怎么没砍得狠一点儿呢？

在财富课程里，我经常问大家一个问题：有家超市周年庆打折，一条 2 米的被子原价 2000 元，现在活动价 250 元。另一种 1.5 米的被子原价 1000 元，现在活动价也是 250 元。请问你是买 2 米的被子还是 1.5 米的被子？

人性里面都有一种占便宜的点，所以一般都会选 2 米的被子，觉得划算。

而富人的心态是，这是不是我需要的？我花这个钱值不值？能不能给我带来效益？

过去我们的父母不仅自己节约，也教会我们节省。可是没教会我们什么地方该节省，什么地方不该节省。结果就变成什么地方都节省，变得越来越不舍得花钱，越不会花钱越没钱。我们不是不该节省，而是以什么标准来衡量什么时候该节省。我一直说我是小气的大气，大气的小气。我一直秉承钱等于价值，不能创造价值的，不能带来效益的，多花一分钱都是浪费，能创造更高效益的，更多价值的，再贵都值得花。

而那些一直很能花钱的人，为什么还是没有发财呢？因为他们乱花钱，很多人的大气是为了面子，不是为了价值。凡遵循价值的，你就知道什么时候该花，什么时候该节省，甚至符合价值的，都要超过对方的预期，给到对方更多。

3. 你花钱的出口就是你进钱的入口

钱的本质是流动，有些流动不是直接流动，而是通过不同的人流动。除了把钱花在自己身上，孩子身上，父母身上，还能够花在多少人身上？你花在员工身上，员工就给你带来进钱的入口；你把钱花在团队上，团队就成为你进钱的入口；你把钱花在公益上，你就会有无数个进口；你把钱花在社会上，你走到哪里，哪里都是你进钱的机会。

如，为什么有的人身边都是贵人，而有的人有好项目就是筹不到资金？有的人走到哪里，就有贵人相帮，而有的人就是缺少机会，凡是身边贵人多的人，他们也都是喜欢帮助别人的人。

当我们回馈社会的时候，当我们去做公益的时候，因为我们有了愿心，愿力就是最大的加持力，当你愿意把钱花在更多人身上的时候，就有更多的钱的入口。

4. 你是什么样的人你就会创造同样的、甚至还不如你的人

有学员问我："总有人对我讨价还价，我把价格放到最低了，他们还要还我价格，这样的生意是做还是不做？"
其实不在于做还是不做，而是你过去有没有经常对别人讨价还价，你心里有什么就会创造什么。你是花钱纠结的人，身边就会来纠结的人，你是计较的人，就会有人跟你计较，你是算计的人就会有人算计你。你的能量频率一定会吸引同样频率的群体，甚至不如你的人。

5. 花钱要超预期

如果是一定要花的钱，或者是早晚都要花的钱，那就提前花，提前花赢得信任和尊重。

如，在深圳，一个男人追女人。某天，女人说想吃兰州拉面，这个男人直接定了两张机票，中午就带女人到了兰州，吃完拉面下午又飞回到了深圳。从此以后女人对男人死心塌地。

又如，装修房子，房主按照合同已经付完款，最后感觉对方非常负责任，又多给了1万元。从此与这家装修的负责人不仅成了好朋友，而且只要家里装修方面出了问题，对方都会非常积极给予帮忙处理。

又如，当初创业招人才，一个做销售的来应聘，要求3000一个月，我直接给5000。从此这个人成为公司最大的销售团队的领导，他感觉此生遇到了伯乐。

又如，当初一个老师课程售价6000元，我直接给了10000元，从此以后，这个老师只和我们道禾合作，最后成为我们的王牌导师。

看似多花钱，最后创造的价值却是无限的，因为我认为有价值的事情一定要提前花，超预期的花。

当然这个花钱的过程有风险：第一，有可能不值，有可能被骗，但是10个当中花对2个就是超值；第二，被骗一次不会有第二次；第三，这些代价是我能承受得起的。基于以上原则，花对钱是一件非常美妙的事。

6. 花钱要共赢

有的人喜欢砍价，把价格压到最低，丝毫不给对方留一点空间，还为此沾沾自喜，而卖方满心怨恨。给对方留有空间，这就是会花钱，能平衡，平衡才能持久。花钱花的你好、我好、大家好共赢的境界，一定能得到所有人的祝福。一个人要是被所有人都祝福，想要不幸福都是很难的事。

7. 花钱要大气

每个人都喜欢和大气的人在一起，所以要么不花钱，要花就花出大气的感觉。

如，你身上有 500 元，准备用来花在 10 个同事身上。如果你用这 500 元来请吃饭，越吃越显得你小气。如果用这 500 元买当季水果，能把这 10 人给吃撑。

又如，有人想交朋友送礼，一般 2 瓶酒、2 条烟，而高手真想交这个朋友，那就是 10 条烟、10 箱酒，保证对方一定记得你。

为什么坏男人有市场？因为坏男人都显得大气。

最近网上有个段子：有两个男的追一个女的，身上都只有 2000 元。第一个男的拿其中 1500 元买了个手机，剩下的 500 元请女的吃饭，结果是女地告诉男的，你是个好人，但是我们只适合做朋友。另一个男的拿其中 700 元租了一辆宝马车，300 元去批发市场买了玫瑰花，拿 200 元带女的吃特色小吃，用 500 元开了一间房，晚上他们睡在了一起，美其名曰：因为爱情。最后此男还剩 300 元。

虽然是个笑话，但是会花钱与不会花钱，结果却是有天上和地下的差距。不会花钱的人，花同样的钱还被别人误会为小气。你有钱没钱不重要，重要的是别人感觉你有钱，因为人们喜欢把钱流向更有钱的人。所以要么一分钱都不要花，要花就一定要花出大气的感觉，否则花了也是白花。当然这个花钱的方法一定不要存在欺骗，否则钱怎么来怎么走。

8. 花钱的感觉一定要快乐

有的人一花钱就痛苦，就纠结，这种花钱的能量是最容易反复的。哪怕是吃亏的，哪怕是被骗了，你只要花了钱，要不回来，就绝对不后悔，还要去享受它。如果越花感觉越穷，那就一定花错了。

如，有人买电脑，找朋友本来想便宜点儿，结果转了几个弯下来，电脑是便宜200元，可是请朋友吃饭，欠朋友的朋友的人情，事后一想，真是后悔。每当你想占便宜的时候，就是你开始吃亏的时候。我们要颠倒过来，能让人占便宜就让人占便宜，你真要能让多少人在你身上占到便宜，你就能影响多少人。

只要是花出去的钱，就一定要去享受它，去感受它带来的美好。连接宇宙的信息就是感觉，如果是痛苦、纠结，你就重复这种痛苦；如果是每一次花钱都是快乐的，那么宇宙就会不断给你这种快乐的感觉。

9. 花钱要平安

有时候不知道钱该不该花，第一，要问一下自己，这个钱花了内心是平安的，还是恐惧的？第二，问一下自己是出于欲望，还是出于愿心？每一笔钱花的心安理得，最终流淌回来的钱才是能留得住的。

10. 花钱买别人的时间，花钱买别人的经验

我们每个人的时间是有限的，学会用钱买别人的经验，买别人的时间。

如，有人开了一家餐馆，自己做厨师，一个月赚10000元。请一个厨师需6000元，一般人就会把自己的时间搭进去。如果是高手，那就会把时间腾出来，雇人做厨师，同时就有时间复制多家店，虽然一家店只赚4000元，可是10家店就是40000元，最重要的是时间还是自由的。

11. 花钱要花对人、花对时机、花对场景

人是最大的资源，投资什么都不如投资对的人。我从创业开始，注重两点：一个是系统搭建，第二个就是人才培养。舍得在人才上花钱。在人才没成型之前就花，那个代价是看得见的，在人才成型后花了钱也不见得有效果。

天时　地利　人和

成功需要天时、地利、人和，花钱也需要天时、地利、人和。

第一，天时。

谁是我们的天？父母是我们的天。一般和父母关系好的人，运气都会特别好。你看那些三两天换工作的人，往往都是和父母关系不太好的。这点在与父母的连接中已经详细说明。

第二，地利。

过去我们种粮食，种植十年要休耕一年，休耕一年的目的是可以让来年土地营养更丰富，让来年的粮食长得更好，这叫养地利。而我们却不知道要养自己的财力，好让来年的收入更好一点儿。犹太人，会把每年收入的十分之一回馈给社会，用来养自己来年的财力。在一些发达国家，他们也是把回馈社会及公益作为工作的一部分。

回馈社会的钱不是社会的需要，是我们自身的需要，是为了我们有足够的载体。很多人说，我都吃不上饭了，一个月 2000 元钱，拿什么去做公益啊？

其实做公益不仅仅指钱财的布施，给他人无条件提供服务、提供价值的都是做公益。很多人以为做公益就是给别人钱，做公益分为三种：第一种给钱的是财做公益；第二种给人智慧，用语言、文字传递出来的是法做公益；第三种是无畏做公益。如，当一个人走夜路害怕，你陪伴她走，让她平安，就是无畏做公益；当一个人心生恐惧，你的语言让她心安，也是无畏做公益。

绝大部分中国人都不舍得花钱做公益，我这么辛辛苦苦赚来的钱，为什

么要白白给出去呢？这背后的意思是：只有通过不劳而获拿来的横财才能做公益，我辛苦赚到的钱凭什么给出去啊？人不会因为做公益而变穷，只会因为贪心而变穷。贪和贫就一个点之间的差别，在一念之间。

比尔盖茨之所以是首富，不是因为他有钱了才做公益，而是因为他一直有一颗做公益的心，是因为回馈社会所以才让他有了更多的财富，因为钱要去向更有价值的地方。

有人或许要提出疑问："我经常帮助别人啊，我怎么还没有钱？"首先你要问问自己的起心动念，你真的是在无条件帮助他人吗？还是你想证明自己有价值，想有所回报呢？还是你想证明自己是个好人呢？还是你想证明我比你厉害呢？

当你有所期待，有所证明的那一刻，就不存在做公益了，既然是做公益就是无条件的。穷人都是等到自己有了钱再去做公益，所以一辈子没有机会有钱。富人有钱没钱都会去回馈社会，他们认为这是他们应尽的责任，所以一辈子都有钱。如果你想等有钱了以后再变得大方，那你这辈子绝无可能大方。

回馈社会不是社会的需要，是我们的需要，是我们需要养财利，让财富的载体放大，让来年财富的种子更好的生长。

第三，人和。

我们天天追着钱跑，却忘了谁给我们钱，是人。人给我们钱，财富关系就是人和人的关系，就是他人和自己的关系。

我们今天看这个人不顺眼，看那个人不舒服，与这些人不好相处，你不是看别人不顺眼，是不接受自己也是那样的人。

普通人如何通过仅有的钱花出财富？

哪怕今天你只是一个普通的打工族，也是可以通过有计划地花钱来改善财富关系的。

假如你月收入 10000 元，你可以把钱分成 5 份：

第一份正常开支，收入的 40% 用来支付衣食住行和孝顺父母。

第二份储蓄，收入的 10% 留以备用。

第三份投资，收入的 10% 用于投资。

投资给谁？

拿请客吃饭举例子。一般人请吃饭，都是消费，花的钱不能创造价值，而我们降低消费，提升投资，所以即便吃饭都要吃出效益来。

第一，请比你有智慧的人吃饭。你们的圈子总是你最厉害，所以你没有成长的空间。你每个月请比你有智慧的人吃饭，不仅能学到智慧，还有更多的商业机会。

第二，请那些比你有钱的，有福德的人吃饭。比你有钱的人说明比你会打理钱。必须要有福德，有福德才能把钱留住，没有福德的人，有了钱也是短暂的，社会正逐步淘汰那些没有德行的企业。

第三，请那些让你值得感恩的人吃饭。懂感恩的人机会总是会多一些。

所以哪怕请客吃饭都是一门学问，要学会智慧花钱。

我们还要投资学习，就算你一个月收入只有 2000 元钱，你也可以拿出 10%，也就是 200 元来学习。现在的网络、书籍还是非常方便的。用稻盛和夫的话来说："人生就是一场提升心性、磨炼灵魂的旅程，在死亡时比出生时灵魂更加高贵一点点。"

第四份做公益不要吝啬，至少收入的 10% 的。

如果三年的时间都能按这个步骤去花钱，一定会有效地改善财富关系。

财富的风水——断舍离

每一个物品背后都是能量，能量是一种频率波动，只要存在就是一股能量，要么加持你，要么消耗你。之前山东公司来装修办公室，总经理问我们怎么装修，我们说不管怎么装修，只要符合通透、光明、简单、质朴、祥和的风格，那么一定差不了。

有些人只知道进东西，不知道出东西。家里有十多年累积下来的东西，这个不舍得扔，那个不舍得送，因为很多人觉得万一哪天就用上了呢？可是你会发现"万一哪一天"从来就没有到来过。一本书，一件衣服，都是能量体，一样东西三年没用上的都是耗费能量的。如果你家里是乱七八糟的，也就体现了你的思想是乱七八糟的。

就像学东西，我们学了很多东西用不上，是因为没有释放，要一边吸收一边释放。看看我们的房间，我们的办公场地，每年都在增加东西，所以如果你要改变自己，先从整理你的房间开始，学会断、舍、离。

断，就是断绝不需要的东西。

舍，就是舍弃多余的东西。

离，就是脱离对物品的执着迷恋。

我们之所以不愿断、舍、离，有三个原因：

1. 执着于过去

有个女学员，她的先生已经去世十多年了，但是她仍然无法走出悲伤。当她开始处理以前的旧物，把他先生的一些旧物都处理了，那个时候她才能真正面对现实，从悲伤中走出来，开始新的生活。

2. 逃避现实

我们往往关注的事情太多，每个都放不下，不愿意面对生活的真实状况，让它们堆在那里，越堆越多，而我们自己也会因此而沮丧、拖延。

如，英特尔曾经是世界上最大的存储硬盘企业，面对激烈的竞争，总裁克鲁夫和董事长摩尔讨论过这个问题。

格鲁夫问摩尔："如果我们下了台，你认为新进来的这些家伙会采取什么行动？"

摩尔犹豫了一下，说道："他会完全放弃硬盘生意，也许会做处理器。"

格鲁夫目不转睛地盯着摩尔："既然这样，你我为什么不自己动手？"

结果，大家都知道，英特尔现在是最大的 CPU 生产商。

3. 恐惧未来

家里的老人都喜欢囤积物品，什么都不舍得扔，一些食品常常都放到过期了，还舍不得吃，就是因为经历了物质匮乏年代的他们对未来的不安和恐惧。

断、舍、离的精髓，是重新拿回驾驭生活和思想的主导权，而非成为被生活和思想驾驭的奴隶。把你的管道梳理干净，让自己的思想更清明，让每一个物品都能增加你能量，让财富的风水调整得更好。

最后，记住一点，财富之气最喜欢待的地方就是干净、整洁、通透之地。

德是最好的风水

《了凡四训》的视频给了我们很好的启发。

了凡在与云谷禅师对话中问："我为什么没能当官？为什么没有儿子？"禅师让他反求诸己。他自己在反省中找到了答案。为什么没能中科第？他说："我观察做官的人都有福相，而我福薄，又不能积功累德，培植深厚福德；做官领导大众，应当心胸宽广，能够包容，而我遇到烦琐、困难的事，没有耐心，不能容纳别人；身为君长应当谦下，不可以任性，而我时常以才智压盖别人，说话、做事随意，亲举妄谈，这些都是薄福之相，当然不应该中科第。"

为什么没有儿子？他也是自己回答自己："（1）地之秽者多生物，水之清者常无鱼，我的洁癖让自己不能有儿子；（2）和气能育万物，我却容易发怒；（3）爱为生之本，忍为不育之根，对万物的爱是生生不息的根本，残忍不能化育的根由，爱惜名节，不能舍己为人；（4）多言耗气；（5）喜欢喝酒从而消损精气；（6）喜欢熬夜，不知道保养元气，养育心神。其余过恶尚多，不能一一列举，这是不应该有儿子的原因。"

云谷禅师说："命由己立，福自己求，祸福无门，唯人自招。一个人只要真诚用功、多做善事，没有不感应的。世间享有千金之产者，定是千金人物；享有百金产者，定是百金人物；应饿死者，定是饿死的人物。天理公平，按各自的活力而给予相应的果报。"

有求必应是真的存在，不过不是向外求，而是向自己求。如果你不向内求，你自己不改变，怎么可能改变世界？就像了凡，我求我自己，求自己的改变，

一生铺桥修路，积善行德，每天写功过来自律，也正是因为他知道了命运是能够靠自己而改变的，所以不愿意再做凡夫俗子，要把凡夫的思想、见解一扫而空，所以改名叫了凡，从此命运也是得到逆转。

曾国藩的外孙聂云台写过一本书——《保富法》，他是上海总商会第一任会长，用一生的所见所闻编写出此书，目的在于提醒世人"如何才能真正地保有财富，避免贪财者的重蹈覆辙"。很多人看了此书才知道，怎么做一个有钱人，一点儿不比怎么成为有钱人来得容易。积财给子女者，不如积德给子女者。

看着吴晓波的《大败局》，解读十大著名企业盛极而衰的失败原因，在最鼎盛时期，突然的灰飞烟灭，真是感慨万千。如果不懂得财富之道，不懂得厚德载物，不去驾驭人性，结果实在是让人唏嘘不已。

《大学》中写道："德者本也，财者末也。外本内末，争民施夺。是故财聚则民散，财散则民聚。是故言悖而出者，亦悖而入；货悖而入者，亦悖而出。"先有德才有财，财因人而起，有人才有财。用违背情理的话去对待别人，他日你也会受到这样的待遇。你用违背德行的方式获得财富，也会不合情理地失去，以彼之道还施彼身。

王阳明的心学四句：无善无恶心之体，有善有恶意之动，知善知恶是良知，为善去恶是格物。

什么是善？什么是恶？做事合乎道理就是善，悖乎道理就是恶；把事做好就是善，把事做坏就是恶；存心公就是善，存心私就是恶。

他所提倡的知行合一，不仅仅是知道和做到，更高一个层次就是良知和德行的合一。

仁者以财发身，不仁者以身发财。意思是仁德的人以自身、社会的发展

为目的，以生财为手段，达到立功、立德、立言的境界。不仁德的人，以自身的生命、人格、尊严为手段，以发财赚钱为目的，挥霍享受，小富即安。前者以发展为目的，后者以满足为目的。同样是赚取财富，差之毫厘，谬以千里。

财富的种子

远古时期没有粮食种植的概念，大家都是在山野森林里靠运气获得食物。运气好的时候，就有的吃，运气不好的时候，也只能饿肚子。直到有一天，他们发现，植物的籽粒随风飘落到地面上能够长出新的植物，这才有了粮食种植的出现。

今天我们的财富也像过去找食物一样，运气时好时差，今天有钱也不能保证持续有钱，今天没钱的，也不知道哪里能赚到钱。为什么不能像粮食种植一样，能够找到规律把财富种出来，一辈子再也不为钱发愁。

有两个人祈求上帝能够改变自己贫穷的命运，获得财富的丰盛，上帝派人给他们两个人一些种子，第一个人拿了种子，开始寻找土壤，种下去，施肥浇水。终于在一年后结出果实，他留下一半的果实，用于维持生活，另一半继续种下去。到了第三年，种子结出了更多的果实。

第二个人拿着种子，正好肚子饿了，于是拿个锅，放了点水，直接煮了吃。吃完又没有了，这个人很痛苦，为什么上帝不肯帮我，为什么就不能让他过得好一点。

第二个人去找第一个人，看到属于第一人的满山果实，想起两个人曾经相同的起点，他满心的羡慕对第一个人说："天啊，你怎么这么富有，你是如何做到的？"

第一个人回答："我曾经和你一样，但是我获得种子后，就播种在土地上，尽管当时很难熬，但是如今我收获了漫山的果实，不再为贫穷而发愁。

粮食的种子能种出粮食，财富的种子能种出财富。我们大部分人就像第二个人，有了种子就直接把它放进锅里烹食享用，不知道还可以去种出来。我们学习《金狮子章》，明白一切都是随工巧匠缘，也就是说一切都是因果循环，种的是什么因，得什么果实。种子的基因早已决定了我们今天所收获的果实。

那么因缘的种子又是如何种下的？通过何种途径种下去的？只有明白这一点，我们才可以在未来的人生中拿到自己想要的果实，而不是不明不白的收获了自己不想要的果子。

能够种下我们人生种子的只有三个途径：身、口、意，仅通过这三个途径就让我们的人生变得千奇百态。

1. 第一个途径：身，也就是指我们的行为：

（1）不爱惜生命。万物有灵，每一个物种都有其生命意义，不是由我们人类随意操纵的。包括堕胎，没有什么能大过一条命，这也是破财的行为。胎儿在母亲肚子里，是一个成形的过程，已经是一个生命体，良知会让我们判定自己的罪。女性要学会爱惜自己，男性也要学会承担责任，如果还没有准备好，那就做好预防措施，你可以给自己找任何借口，可是种下的因不会给你辩解的机会。

（2）凡没有经过他人同意而私自获取的行为。俗话称之为：窃。那么这个种子的果就是匮乏与贫穷。

2. 第二个途径：口，也就是祸从口出。（道出了经典，财富的种子）

口业是最容易种下的因。口业分四种：
妄语：说假话、谎话、存心骗人。这个种子的结果就是难以再取得信任，周围骗子多。

恶口：说话很难听，恶语伤人、恐吓、威胁。这个种子的结果就是难以交朋友，不合群，内心孤僻，性格偏激。

两舌：挑拨离间，背后说是非。这个种子的结果就是朋友少，诽谤不断，是非多。

绮语：花言巧语、天花乱坠的言语。这个种子的结果就是无人重视。

3.第三个途径：意，也就是起心动念。

贪：在顺境时，过度索取，贪得无厌。包括财、色、名、食、睡五欲。这个种子的结果会让你滋生更多贪欲，得不到满足，物极必反。

嗔：生气，对他人感到不满。遇到不顺意时就产生嗔怒之心。这个种子的结果就是常常怨天尤人，成为不逞之徒。

痴：不明事理，是非不分，执迷于自我，觉得别人不可理喻，认为只有自己是正确的，产生高人一等的想法，这个种子的结果常有迷于无妄之灾做出丧失理智的举动。

慢：傲慢，瞧不起人。向弱者卖弄，炫耀。又不愿承认强者的过人之处，虚荣心强，爱攀比。这个种子的结果让人妄自尊大，孤行己见，难以承受挫折，积郁成疾。

疑：毫无根据地怀疑、否定一切,看什么都持有一种怀疑的眼光。自以为是、想当然地下结论。这个种子的结果就是难以相信他人，缺乏朋友，性格偏激多疑。

种子的规律

我们今天所看到的结果是通过身、口、意三个途径的"因"所种下的，因此想要种出好的人生，就要了解种子的规律。

规律一：先知所求而种"因"

过去我们都知道种瓜得瓜，种豆得豆，今天反过来，先知所求而种"因"。求幸福就种幸福，要求财富就种财富，求健康就种健康。

规律二：小种子长大树

一颗苹果的种子不会只长一个苹果，它会长成一棵苹果树，乃至一片果园。所以有人说，我没做什么伤天害理的事，怎么总这么倒霉呢？因为一个小小的恶种，就会长成一棵大树，结出满树恶的果实，正是因为如此，所以有这句话："勿以恶小而为之，勿以善小而不为。"小小一颗善的种子，也同样会长成一棵大树，甚至一片果园，一个小小的善举，会给我们带来无限的福气。

规律三：能量流动

当我们帮助别人的时候，是不带有条件的，帮助他是出自我们的意愿，至于结果如何，那是他的因果循环。但当你无条件帮助他人的时候，就种下了贵人的种子，贵人的出现也并非无缘无故的，一切都源自你曾种下的善因。

而当别人帮助我们的时候，除了感恩对方，最重要的是让这股能量继续流动起来，你带着对方的善意，再无条件帮助他人的时候，"善"的能量就开始循环起来。

规律四：种子的动机

有人问我："我也经常施舍乞丐，那我怎么没发财？"

这句话就是你没发财的原因，你是为了发财而施舍乞丐，这个不是施舍，而是交易，我帮了乞丐所以我应当发财，这不是赤裸裸的交易吗？

很多人也在做公益，但不是为了帮助他人，而是为了获得一个名声，这个动机就决定了结果。

规律五：种子的周期

春耕夏播秋收冬藏，种子生长需要周期，它不会这一刻钟下去立刻就长出果实。现代的人追求快餐文化，失去了耐性，成功的路上其实并不拥挤，因为坚持到最后的人太少。

如，十米地下才有水，你挖一米，一份付出什么收获也没有，可是当你不断的付出，挖下去九米最终才有水出来，所以不是一份付出一份收获，而是一份付出一份累积。就是说，如果你十年的目标赚1000万，那么前面八年只能获得1000万的20%即200万，而后面的两年能创造800万，绝大部分的人在前面的八年就熬不下去，放弃了。

如，竹子定律。一开始4年只能长3厘米，一旦竹子成型，每天以30厘米的速度疯狂的生长，仅仅六周的时间，就长到15米。

如，荷花定律。一个池塘里的荷花，每一天都会以之前一天的2倍数量开放，当它开满一半池塘的时候已经过去了29天，但只需要一天的时间就可以开满整个池塘。最后一天的速度等于前面所有的总和。

如，金蝉定律。蝉，要先在地下暗无天日的生活三年，忍受着寂寞和孤独，依靠树根的汁一点点长大。然后在夏天的一个晚上，悄悄地爬到树枝，一夜之间蜕变成知了。

越接近成功越困难，也就越需要坚持。

中国有句话："行百里半九十"，走一百里路，走九十里才算走了一半，因为很多人坚持到九十里就放弃了。

规律六：种子的次数

种子不会种一次就可以一劳永逸，今年种完收获了，来年还要继续栽种，才能持续拥有粮食。财富更是如此，只有持续不断的种下财富的种子，才可以持续不断地收获财富。

如何种下财富的种子？健康的种子、幸福婚姻的种子？

1. 种子

明确自己想要的，才能知道种子是什么？要财富，就要拿金钱作种子；要幸福，就要拿无私的爱作种子；健康，就要拿健康的生活习惯作种子。

2. 找到土壤

播撒种子，我们不能把种子种在马路上，种在水泥地里，要种在合适种子生长的土壤里。《金狮子章》中讲"我是狮子身上一部分金子，金子就是我们的土壤。我们所有的发生都需要借由因缘才可以发生，他人也是金狮子的一部分金子，没有一个人能独自上天堂，我们需要借由他人才可以去到天堂"。所以我们的幸福、财富、健康的土壤指的就是和我们一样有需要的人，他们和我们一样都是狮子身上的金子。也就是说和我们一样有渴望爱、渴望幸福、渴望财富、渴望健康的人，就是我们的土壤。

3. 种种子

播撒种子的途径有三种，我们需要通过身、口、意的方式去找到和我们具有相同需求的人，去播种下去。在行为上去支持和我们一样有需要的人；在言语上，去祝福和我们一样需求的人；在思想上，知道他们和我们是一体的，明确帮助他们就是帮助自己。

如，需要健康，就给他人健康。放生就是其中一种方法，让那些生灵获得健康，就是我们在种下健康的种子。

如，需要婚姻幸福，将无私的爱奉献给那些最需要爱的人，如陪伴孤寡老人、孝顺侍奉父母都是在播种幸福的种子。

如，需要尊重，不是给到那些原本就地位崇高的人，而是去给予内心自卑的人、卑微的人，更加需要尊重，只有这样你才是种下了尊重的种子。

如，需要财富，就去帮助那些需要财富支持的人。只有回馈社会就是我们种下的种子。去帮助那些渴望获得财富自由的人。去帮助你的客户，帮助你的伙伴，让他们获益就是让自己收益。

播撒我的种子，演绎别样人生。

祈愿所有人用种子的规律种出美好未来，种出源源不断的财富。或许还有很多人，过去不懂得财富规律，种下许多恶的种子，如果有机会来到我们线下课程，通过财富的一系列现场练习及修正，让我们每一个人能够轻松驾驭财富，不再为财富而烦恼，成为财富的主人。

尾记

写这本书,起源于过去在追求财富的路上走过太多弯路,一路艰辛,起起伏伏,不得要领。后来研究了各大经典要义,拜过专家名师,深入传统文化,寻找财富智慧,在多年经验的累积和实践知识的基础上,终于摸索出财富背后的规律,发现财富有着严密的逻辑,是一门精要的学科。

并在自身明确了财富关系的同时,也帮助了无数人打通财富关系,直到三年前,通过授课的方式帮助了更多人实现财富变现,但是面授课受众人数始终有限,因此我希望可以通过书籍的方式,能够让更多人知晓财富的密码,掌握财富的规律,实现财富的自由。

希望通过这本书可以帮助你更加深入地了解世界的本质,体悟到世界的空性,找寻并升华被掩盖的自性智慧。让我们在财富、情绪管理、两性关系、孩子教育、企业发展上都能以此为参考,获得我们想要的人生。

祝福每个人都能改善财富关系,活出丰盛、喜悦、自在的人生。

附录一

我们希望拥有财富，
不是想要让自己变成达官显贵，
也不是要让自己变得好大喜功，
而是更好地去广结善缘，
更好的去谋得人间福祉。
我们希望拥有财富，
不是用来滋养色身，
而是长养家人慧命。

我们希望以慈悲，获得善缘的财富；
我们希望以诚实，获得信誉的财富；
我们希望以喜舍，获得平衡的财富；
我们希望以正见，获得真理的财富。

我们将以财富孝顺父母，使亲疏老有所养，使正法久住世间；
我们将以财富养育儿女，使他们德业有成；
我们将以财富从事正业，使社会安定繁荣；
我们将以财富投入公益，使人间疾苦消弭。

附录二

财富主题分享

一、以体验入，与智慧合

今天的主题是：以体验入，与智慧合。

智慧分为三个层次：

（1）文字智慧：

当一个人用手指向月亮，文字就好比手指的作用，指路符号就是智慧，能让人认识，是觉悟的途径。好比去到目的地，文字是驾驶的车子。

（2）观照智慧：

观察一个事物不仅仅在相上，没有观照就不能认识事物的本质，为什么不是看，而是观？在眼为见，在心为观，借助体察向内闻。观照智慧好比是驾驶的技术。

（3）实相智慧：

如，桌子，桌子的背后是木头，木头的背后是大树，大树的背后是种子、土壤、阳光、水分等众缘合合。人人都有本来自性，好比是目的地。

文字是工具，观照是方法，实相是目的。

我们每天都有经历，有经历不一定有体验，经历中不去体验就是随波逐流，随着时间散去。在经历中去体验就是我们的人生，有体验就需要行深一步去观照，有观照就会生发智慧。我体验到什么，我就在哪个维次，就在哪个层面。就如志一老师在课堂里说的："一个心中没有高度的人就说不出有高度的话。"

行深一步：

每时每刻我们都可以进入体验。来到一个城市，就去体验一个城市，每一个地域都有独特的文化属性，都有特定的历史沉淀气息。进入一个场域，就体验场域的能量；进入一个环境，就体验环境带来的感觉。同样，探寻一个人，就要体验他的体验，感受他的感受。或许你从肤相上看到的是一堆欲望，但再深入就能感受到隐藏在欲望背后的恐惧。面对一个事物，看见的是一个物的相，进入就是生命，再深入就是频率，最后感受到能量。

当场看到：

大家在同一个时空运转，但是感受不一样，体验不一样。而我体验到什么，感受到什么，我就是什么，我体验到的总和就是我的人生。

穿心一问：

那通过什么通道能够进入体验？众生共同寻找的体验是什么？终极的体验又是什么？

就此照见：

当我们和自己在一起的时候，你才能够开始进入体验，从敬畏的通道入，只要没有敬畏，就还没有入门。只有进入体验才能解脱，了解才能脱落。以敬畏入，与体验合。

就此醒来：

有时候我们会去寻找刺激，有时候需要一种极致的生活，其实我们都在追寻一种感觉，通过身、心、灵各个维次充分的体验。此刻明白，人生一场空，此空非彼空。

今天的功课：

开始用体验深入经历。观今天我们所发生的人、事、物，行深到哪个维次，照见了什么智慧，如何醒悟的过程。

二、体验体验

以体验入，与智慧合。
今天的主题：体验体验

有一首歌《自我》：冲破牢笼，别输给了随波逐流，生命仍旧在重复中苟活，挣脱枷锁。

我们太会讨好这个世界，作为一个成人，如果没有自己的精神世界，没有自己独立的思想，随时都可能被这个世界给冲垮。

在各大培训场地，上课的女性人数往往多于男性，不是女性更爱学习，而是女性比男性更具感性，男性则更加理性化。男性从小被灌输"应该"要怎样做。正是这些所谓的"应该"关闭了男性的感觉。

行深一步：
不是每一个人都会经历世上所有的体验，很多时候也不需要自己去亲身经历，如果我没有婚姻的破裂，又如何体验到爱情需要经营，如果我没有经历过事业的起伏，又如何知道事业需要一种情怀？不是每个人都会亲历所有的体验，那又如何获得成长的机会？

第一个体验就是感受自己的体验，在感受后升华，第二个体验是感受他人的体验，在他人的体验中感同身受。我们之所以对他人没有同理心，是因为我们没有体验他人的经历，可是如果我们能够进入他人的体验，就能推己及人，产生共鸣。第三个就是感受万物的体验。万物有灵，以敬畏之心进入，通过冥想的方式，感受每一样事物的频率，并连接起来，进入与世界合一的状态。练习打开通道的感觉，在没练成前，尽可能多揣摩自己当下每一刻的感受。找到规律的人会瞬间跟对方产生连接，同频共振，对方的一切信息都会很快感知到。

志一老师体验到语言的智慧，成交的美，以成交为载体，用语言直接让人醒来。

而我用财富为载体，借用财富的相，去看到生命的本质。

就此明了：

只是在书本上学习是不会成长的，只有通过体验学习到的知识才能让我们成长，财富不是教出来的，只有深入探究财富的整个过程，亲身体验后才会真正的领悟。

就此醒来：

如果你仍在跟随，还没有自己的体验，如果你只有知识，还没有实践的体验，你就无法看透事物的整体性。

今天功课：

感受体验。从今天开始，我要感受自己的体验，感受他人的体验，感受万物生灵的体验，在所有的体验中寻求智慧。

三、比较

以体验入，与智慧合。
今天的主题：比较

影响我们生活幸福指数的，很重要一个点就是——比较。好像没有比较就难以衡量幸福。

可事实是我们如何的生活早已超越了古代王侯将相的生活。古时乾隆下江南，出行一趟，少则半年多则一年，而我们今天一张机票就可以横跨世界两极。可这样的生活依然没能减少我们的痛苦，那是因为尽管我们的绝对收

入增加了，但相对收入没有增加多少，相对收入就是我们的比较感。

比较阻碍了我们窥见实相，也会影响我们的信念，电影《阿飞正传》中说"我本来不知道自己穷，就在小时候上学自己只有一套衣服，洗了穿穿了洗，而其他同学都有衣服换着穿，所以那个时候觉得自己很穷"。当我们和其他人比较时，生命的状态就会受限，无法活出本我。

如，一只黑色的鸟，看到一只红色翅膀的鸟，黑鸟对红鸟说："你是最幸福的鸟，有这么漂亮的红色！"红鸟说："我觉得最漂亮的鸟是一只彩色的鸟，色彩缤纷！"这只黑鸟又找到住在鸟笼里的彩色的鸟说："我觉得你是世界上最幸福最漂亮的鸟！"彩色的鸟抬起头仰望天空。黑鸟问："你看什么呀？"彩色的鸟说："我根本不是最幸福的鸟，能在天空自由翱翔的鸟才是最幸福的鸟！"

是的，黑鸟可以成为最幸福的鸟，但是它自己却并不知道。就像人一样，不停歇地比较，看谁更漂亮，谁的房子更大，谁的钱更多！

行深一步：

当我们不断地和他人比较，就忘记了自己所拥有的一切。比较时也同样忘却了感恩，失去感恩，就失去了财富的载体，失去了幸福的载体。比较会让我们心生嫉妒，嫉妒之心会将我们带向地狱。嫉妒不会损害他人，只会祸害自己。

如果我们懂得感恩我们所拥有的，就有了无限的载体。我们回归到本我上，把注意力放在世界赐予你的礼物上，那时你就会感受到这个世界是多么的完美。

就此明了：

无论你今天有多么不幸，这世上总会有人比我们更加落魄，又无论我们今天多富有，也总有比我们更加富有的人，只要比较，就永无止境。当我们把关注点放在与其他人比较时，我们的幸福感就丧失了。就像我们已经拥有整个海滩，但是当我们不断地往深海探寻，试图在深海中找到被遗落的"秘

密花园"，不要忘记我们曾经拥有的幸福，就在此时此刻，去意识到我们是无限的！

穿心一问：

你又是如何和其他人比较的？是比你更有钱？比你更漂亮？还是比你更成功呢？要学会感恩，感恩你所拥有的，请记住，你很可爱！

彻底醒来：

我喜悦、我健康、我强大、我智慧！不要去比较，当你说某个人更好时，就在无形中拉低了自己，尊重自己，每个人都是独一无二的个体，相信自己就是最好的！

我对于美是这样理解的：每个人包括事物都有着自己独一无二的美！我是这世界上最幸运的人，因为我从未在任何人或事物身上看到丑陋，丑陋只存在于大脑，当你能够看到自己和他人的美时，你就可以与宇宙一起庆祝你的觉醒！

今天功课：

花费半小时：问一下自己，有没有和其他人去比较！能否感恩了自己所拥有的！当你学会感恩和欣赏自己时，就会停止与其他人的比较。与他人比较的人，是因为看不到自己的美好。感恩自己，放下比较！

四、值得

以体验入，与智慧合。

今天的主题：值得

我们本是国王，却都活成了乞丐。

在课堂上我问过这样一个问题："如果你想要拥有一样东西，最快的方

法是什么？"那就是先让自己有资格拥有。事实上，每个人都有资格去获得你想要拥有的，本是圆满具足，是自己的限定，自己的不配得、不值得束缚了"拥有"。

儿时生长的环境及成长经历赋予了我们对生活的想象，我们所拥有的潜能是未知而巨大的。

在中国，城市的发展日新月异。中国在崛起，在走向繁荣，中国的兴起首先是文化的兴起，我们拥有着东方最古老的智慧，文化是一个国家，一个民族的灵魂。文化兴国、强国，没有高度的文化自信，就没有文化的繁荣兴盛，更没有中华民族的伟大复兴。

在整个中华民族的历史上，士农工商，商一直被排在最后一位，这并非是看不起钱，而是比钱更重要的是智慧。四大发明都出现在宋朝，那时候的科技已经非常繁荣，国家先进的土木工程、航海术和冶金学方面的发明，皆推动了经济的繁荣，可中国人的智慧早已明白，尽管科技给人们的生活带来便利，但产生的破坏性也是相应存在的。

《道德经》说："使有什伯之器而不用；使民重死而不远徙；虽有舟舆，无所乘之；虽有甲兵，无所陈之。"意思是说："即使有各种各样的器具，却并不使用；使人民重视死亡，而不向远方迁徙；虽然有船只车辆，却不必每次坐它；虽然有武器装备，却没有地方去布阵打仗。"财富不是我们最终的向往，所以一直以来商人不被重视。

我说这些并不是阻止我们去追求财富，而是说我们都不缺少赚钱的能力，不论经商也好，做人也罢，都要先学习，学经商先要了解钱，了解规律才能被委派出去。学做人，要先明白成年人所要承担的责任等。到今天我们的意识开始觉醒，只需要把先天文化显现出来，连接上了这股能量，未来我们将更有信心，把中国的文化，道禾的理念带到世界各地。

行深一步：

你比你所想的更值得，从环境的限制中解脱出来，你的值得远超过你的想象。什么是值得感？值得是生命所赋予你的，你认为你值得哪些，哪些便会显化！这就意味着如果你想要更多，你就必须觉得自己值得更多。

如，一个女人小学文凭，她觉得自己没文化，所以找老公就得找一个普通工人，否则配不上。

如，一个没上过大学的人，心里在想，我怎么能成为演说家？

如，我一个土生土长的农民，怎么能把产业带出国门？

所有的设限只会局限我们的行动，这是一个很重要的功课，如果看不到自己的值得，将无法走出匮乏的轮回。我曾经问公司同事，你值得什么？他写了一大堆的美好，可惜都是想象的，一做事就暴露了。所以今天扪心自问，我到底值得什么？

回看：

你的人生，你所拥有的财富数量、拥有的健康、拥有的人际关系，都取决于你的值得感。你必须不断提醒自己，你值得些什么？那怎样能让你自己值得一切呢？你要成为生活的创造者，执导自己的未来。

就此醒来：

每个人心中都蕴藏着无限的宝藏，你值得拥有一切美好。

五、感恩

以体验入，与智慧合。

今天的主题：感恩

看到朋友餐厅有一套杯子，一下子就喜欢上了，就是我们小时候喝的搪瓷杯，杯子上写着：生在新中国，长在红旗下。这也是我们80后的年代。

这是一个特殊的年代，从父母物质最匮乏的年代一下子就到了国家经济极速发展的时代，物质的跨度不足以用飞跃来形容。这也是最大的问题：心灵的成长跟不上物质改善的速度。

今天我们能够得到物质上的丰盛，主要是老一代为我们创造的，那些战火纷飞、饥饿、疾病、贫穷的年代，他们的坚韧、吃苦耐劳、忍辱、付出、牺牲、贡献，我们听他们的故事，都是满满的感动和敬佩，他们的牺牲赐予了我们当下的富足。而我们却在无节制地挥霍我们的福德，我们忘了感恩，忘了传承，是如此理所当然的享用，我们又拿什么给我们的下一代留下福德呢？

不懂得感恩是无法确认我们所拥有的，你永远不够，不够有钱，不够漂亮，不够有能力，不够优秀，最终连你仅有的也被老天收走。

有一群人晚上走在漆黑的路上，突然下起了雨，于是他们进入了一个山洞。山洞里有一些东西，在临走的时候，有人拿了，有人没拿。直到第二天天亮，他们才发现那些东西是珠宝。没拿珠宝的人很伤心，而拿了珠宝的人也很懊恼，后悔当时为什么不多拿一点。不管他们拿与没拿，总是觉得很糟糕，拿了不够多，没拿很痛苦。有一万地想要几十万，有几十万的想要几百万，他们的快乐跑得越来越远。拥有越多，感觉越少，这不是从内在的富足出发，变得越来越缺、越来越少。

行深一步：

当我不在意我所拥有的，我越关注越没有的时候，就会障碍我想拥有的。这也是在我财富课堂上很多人提的问题：为什么我们总是留不住钱？钱来钱往，看似企业做大了，财富却没有增加多少。这就好像，为什么那么多人不幸福？原因之一就是忘了感恩，忘了我们所拥有的。留不住钱是因为载体不够，载体扩大的方法之一就是感恩。

就此明了：

我们总以为走到今天，我们都是靠的自己，忘了身边的人、事、物，忘了环境，忘了我们的国家，忘了人与人之间交叉组合的整个社会的给予。因为有了今天的太平盛世才有我们发展的机会；因为世界那么大，我们还可以出去看看；因为父母基因的传承，优秀品质的累积；因为身边的人及我们自己身体健康；因为遇见老师，有了智慧之路；因为逢年过节总有人在加班；因为……有太多值得我们去感恩的。

穿心一问：

感恩是什么？如何才会感恩？我会感恩吗？感是感受与链接，恩是恩赐与礼物，当感恩的时候，我链接所有的人、事、物，他们的能量都会赋予我，会成为我的载体。

就此醒来：

不是因为说谢谢才叫感恩，不是他人需要我感恩，是感恩打开了我的觉知，是感恩让我拥有更多，是感恩让我幸福，是感恩让我有了财富载体，是感恩让我拥有福德，是感恩让我有了担当，是感恩让我有了智慧。所以感恩你已经拥有的，你将得到你想要的。

今天功课：

去看看你想要的，房子、车子、存款。在这之前，学会感恩，宇宙已经为你准备了一切，只是被你的头脑忽略。去感恩，是对你想要的东西的一把钥匙，打开丰盛大门的锁。

当你不在意你拥有的，你越关注没有的，就会障碍你想拥有的，所以感恩你已经拥有的！

（第一写下你想要的，第二写下你所拥有的，并进入感恩）

今天，我对这个世界表达我对我生命中所拥有的一切感激之情，感恩我所拥有的一切！

六、传承

以体验入，与智慧合。
今天的主题：传承

这两年经常去临沂讲课，这个城市很特别，他们有一种精神叫沂蒙精神。中国除了沂蒙精神，还有井冈山精神、延安精神、西柏坡精神等。

临沂，人口有1000多万，整个城市发展稳健，财富关系也不错，尤其他们内在具有朴实、简单、真诚、热情的特性。这个城市能如此风调雨顺，经济发展迅速，物质飞跃提升，都离不开上几代人在革命时期的牺牲和贡献，给这个城市留下了如此最宝贵的财富，那就是福德，因此有了今天这一代人的幸福生活。

"求木之长者，必固其根本；欲流之远者，必浚其泉源。"这是魏征的名言。想要使树木生长的茂盛，必须稳固其根部；想要使水流的长远，必须疏通其源头，源远才能流长。我们这一代人的幸福，来自上几代人福德的传承，而我们只享用了福德，却没有想过如何把这个福德传承下去，当我们挥霍完了，我们的孩子，孩子的孩子靠什么呢？虽然国家及政府一直在强调弘扬这些精神，但更多人只是走了一个形式，没有真正理解这个核心。

回看中国历史：

世界四大文明中，唯有中国在历史的长河中，一次次战胜灾难、渡过难关，历经上下五千年，绵延不断，创造了人类文明发展史上的奇迹，其根本在于华夏民族，一脉相承且富有强大生命力的文化，从而为中华民族生生不息、发展提供了强大的力量之源。

一个国家、民族，只有知道了我是谁，从哪里来，要到哪里去，继承和

发展优秀的文化，守护好我们华夏民族的根，才是国家、民族存在和发展的重要前提。

行深一步：

中华民族伟大复兴的中国梦，需要中华文化的繁荣兴盛，需要每一个人都能够理解华夏文化，并传承下去，我们的下一代才能在我们的基础上生活的平安、快乐。而我们父母那一代很多都是农民出身，大多处于生存层面，在文化传承方面较弱，那就需要我们这一代人去补上。少打几场麻将，少逛几次街，多读点书，我们自己都不爱看书，还想成为孩子的榜样，还想让孩子好好读书，那是笑话。

在这近三十年，所有我身边的有钱人，几乎都是白手起家，通过奋斗多年累积到今天的成果，还有更多人在拼搏的路上。而到了我们孩子这一代，很多丧失了创造价值的乐趣，他们失去了父母那一代创业的精神。如果你的孩子行，他根本不需要你的财富；如果你的孩子不行，他只会糟蹋你的财富。

就此明了：

生命一代一代传承下来，文化需要传承，优秀的精神需要传承，福德更需要去传承。

穿心一问：

我们的文化是什么？可以传给我们下一代的是什么？我们的精神是什么？能给孩子传承的是什么？我们做了些什么让我们有福德可以去传承？

就此明了：

恶有恶报，善有善报，好人的时代来临。社会监管越来越透明，市场经济越来越完善，真产品实价格，不是真人秀，而是秀真人的时代来临了。

落地使用：

曾子曰："吾日三省吾身，为人谋而不忠乎？与朋友交而不信乎？传不习乎？"意思是我们每天应该反省一下自己：为他人做事有没有尽心尽力？与朋友相交有没有诚信？今天有没有比昨天的自己成长多一点？

七、慷慨

以体验入，与智慧合。
今天的主题：慷慨

很多时候当人们拥有很多，但是头脑依然很匮乏。一个觉醒的人很明显的特征就是慷慨，把所拥有的分享出去，在这个宇宙中，没有任何一样东西不属于他，跟他人分享就跟自己分享一样。所以觉醒的一个信号就是慷慨。有些人做一些事是让人认可他，那是"小我"，真正的慷慨是隐藏的，不需要别人看到的，慷慨的人给出不是必须要给，因为他想要这样做，他是想给出，而不是必须给。

有一个人很富有，有很多金子。有一天富人在举办聚会，一个穷人来到他家，富人给穷人一些食物，让他把食物给他的孩子，穷人吃着食物，拿了最漂亮的花给富人。富人说我给了你最差的食物，而你给了我最美的花，你比我慷慨。

行深一步：
慷慨不是你给出多少，而是多真诚，不一定是物质，可以是最真诚的微笑。你可以尊重一个没有权势的人，可能是清洁工，你认可他们，一个微笑就是尊重。让他们被尊重，最重要的是给出你的爱和你的友善。所以当你发自内心地去分享，是确认你早就拥有，你能够给予。头脑匮乏的原因是锁住了它们，宇宙是慷慨的，你认为没有，认为不够，是你自己认为不值得，障碍你所能得到的。

就此明了：
当我们无法慷慨时，我在强化我的贫穷，我的匮乏，我绝无可能给出我所没有的。当我在对他人慷慨时，不断地印证了我的丰盛。施与受都是同一人，

我们都是世界的一部分，我对他人慷慨也就是对自己慷慨，确认我是圆满具足的。

就此醒来：

不是他人需要我慷慨，不是世界需要我慷慨，是因为我有所以我慷慨，是因为我的需要。你发现当你今天开始去慷慨给予时，去体验富足时，你会感受到美好，不再麻木，你会快乐。一段时间下来，你会感受到能量的提升，弯曲力、影响力的升华！

今天功课：

练习慷慨，比如微笑就可以练习慷慨，让你去拥有，去感恩。今天练习慷慨，去帮助其他人，给予，就像你可以拥有一样。通过练习慷慨，练习富足。

八、大气

以体验入，与智慧合。

今天的主题：大气

大气是一个人做人做事的风范、态度、气质、气度，是一个人综合素质散发的一种无形的力量。

第一次见李慧欣同学，我对她的印象模糊，毕竟学员很多。可是第二次我对她印象却极其深刻，因为她不仅上台直接交付了"财神汇"课程的全部学费，更重要的是她买了老师的书，送给全场的同学。我想那一期不仅我记住了她，很多同学都记住了她。许多人下课都去加她微信。其实一个人有钱没钱不重要，重要的是传递出了大气的感觉，大家都喜欢跟大气的人交朋友。

褚青和李姝洁两名学员拿着现金到现场报财神汇的课程，那一刻很多人都对她们有了深刻印象。也许有人会说，那是他们有钱所以能大气，这是普通人的思维模式，所以是普通人。其实这跟钱已经没关系，这是一种气度，

正是这种气度才会吸引财富，才有更多的机会。

行深一步：

有人曾说我小气，也有人说我大气，我一直承认自己是大气的小气，小气的大气，这取决于价值。如果能够创造价值，再多都得花，如果不能创造价值，多花一分钱都是浪费！

就此明了：

大气不是为了证明，而是内在的一种状态的呈现，是一种能量，是一种气度。气度，气是生命一吸一呼之间；度，是此岸到彼岸。大气的过程也是修行的过程，对钱大气、对事大气、对人大气、对情绪大气、对自己打气。

上升一维：

天地气合，万物自生！古人的宇宙观中，"气"有着至高无上的地位，它是万物生成的源泉，是万物之母。运用先天之气，为我所用，所用为众生。

彻底醒来：

百病生于气，普通人常有闷气、怒气、怨气、赌气。今天开始大气，你还在为一个人而有情绪吗？还在为一件事闹气吗？如果今天还没大气，还在纠结，又怎么能够通透，活出自性。从今天开始醒来，打通气，活出大气。

今天功课：

花 10 分钟时间让自己安静下来，感受气息，把所有的气理一遍，深深地呼吸，通过呼吸提醒自己，只要还没有大气，就还没开始。今天我要显现大气。

九、中庸

以体验入，与智慧合。

今天的主题：中庸

经常有人说，做人要中庸，导致大部分人都望文生义：将"中"理解为"走中间路线"，将"庸"理解为"平庸"，也就是模棱两可，明哲保身，凡事不冒头、不冒尖。这一伟大的哲学思想就如此被曲解。

今天我们了解一下"中庸"。

"中庸"最早出现在《论语·雍也》，是孔子提出的，孔子的孙子子思加以阐述说明，形成一套"天人合一"的理论体系。"天人合一"是指人类遵循自然规律，并最终达到一种"与天同在，与道同存，与万物同生"的思想境界。就是我们在《道德经》中理解的天道与人道。

天道，遵循宇宙自然变化，事物的规律。人道，适应自然变化，找出在规律中的合理定位，做到进退有据和行止有度。"中庸"提出致中和，并不是现代认为的世故、八面玲珑、左右逢源，而是洞悉事物的规律，找准自己的定位，做出正确决定的前提和基础，也就是择善而从。

如，一年有春夏秋冬，这是规律，在规律的基础上，春耕、夏耘、秋收、冬藏，四者不失时，故五谷不绝。不懂规律，随意播种，长不出果实。

又如，秋后处决，午时三刻。《唐六典刑部》中就有明文规定，每岁立春后自秋分，不得决死刑。古人认为人的行为要顺应天意，不可逆天而行，春夏是生长的时节，不杀生；秋后意味着落叶归根。午时三刻，这是一天中阳气最重的时候，十恶不赦的重刑犯选择在此刻行刑，用旺盛的阳气帮助他轮回重生。

"天命之谓性；率性之谓道；修道之谓教。道也者，不可须臾离也；可离，非道也。"大自然赋予的一切，就是本性。赋予人的即是人性，赋予物的，即是物性。性，即本质。不加上后天的心思，不加上后天的污染，直道而行，这就合于先天的道。正是因为人也好物也罢，都是天地化育的产物，他们的本性就是自然所赋予的。道就是遵循天赋本性的一切原则、方法。因此只有

按照本性的规律去行事，方能达成合理的效果。所谓的道是片刻也不会离开我们的身心，能离开的就不是道了。

上升一维：

道是无形无相，很难用语言描述，这就需要用《弦外之音》的智慧：看到事物发展的全过程及相。我们在一个点的背景下能够观照到事物发展的整个过程，在这个天道的基础上能够落地实行人道，找好自己的定位及方向。

如落叶，通过全过程及相，看到一颗种子生根发芽，经历数年，见证人类形形色色的人生，长成一棵树，长出树叶，经过周期自然脱落。

如尘世间的爱情，通过全过程及相，看到两个有着彼此需求的人，彼此欣赏产生一种吸引，经过陌生到熟悉，激情退却，加上家长里短，彼此挑剔，然后从爱情转化成亲情，爱情不复存在。

如孩子，通过全过程及相，孩子出生，整个家族的信息传递到孩子身上，从儿童期的依赖到青春期的叛逆、成人期的分离、父母期的责任、老人期的无奈，最终离开人世。

如财富，通过全过程及相，看到空着来到人间，空着离开人间，这个过程，财富起了价值服务的作用，为人生形形色色的观念进进出出地流动着。

瞬间明了：

须臾不离道，看到落叶无须悲伤，大树只管生长，自然有新的叶子长出。看到爱情，无须期待，没有经营的爱情最终都会灭去。看到孩子，无须执着，她不属于你，只是经由你来到人间，成年了就让她独立，她自有她的人生，最大的祝福就是相信她，我们能做的就是爱她。财富是为我们服务的，不是我们为它服务的，看不明白就被它驾驭，看得明白，就能为我们提供无限方便，取之有道，用之有道。

今天功课：深入传统文化，不辜负五千年文明。

十、情绪（一）

以体验入，与智慧合。
今天的主题：情绪

几乎所有的疾病都来自于情绪。身体是情绪的载体，当情绪累积到一定程度，身体承载不住，就会转化成疾病！

生气让人感觉失控，身体自动释放出大量有害呼吸系统的因子；焦虑让人的身体进入到空铁壶干烧的状态，一点点消磨掉人的心力；压力让人沮丧，像一只看不见的手，捂住了人的鼻子，看得见五指透过灰色的天空，又摸不到。

身体是不会说谎的，它忠实地帮我们贮存所有的情绪，而生病其实是在提醒我们，要去真实地面对自己真正的需求，妥善地去处理，并相信身体的能力。

当我们肠胃不适，只是大把吞下胃药，却逃避压力和紧张的根源；当我们皮肤上的各种红疹，犹如一座座小火山的爆发，但却没有发出：我很生气，请看看我的愤怒的心声。

一位朋友得了严重的盆腔炎，久治不愈。这场病是在前夫有外遇后得的，其实那是她的身体在帮她说出："我不会再跟一个背叛我的人在一起！"幸运的是，她离婚后找到了一个真正爱她的人，结合适当的调理和治疗，她的病已痊愈了。

行深一步：
过去我隔三岔五就会出现愤怒，总是觉得是他们做了这样那样的事才让我愤怒，而真相是什么？一些情绪不断重复的出现，是在从小到大的成长过

程中，多次同样的情绪没有得到释放，从而形成了瘾，导致成年后不断地吸引别人做了一些什么导致他们能心安理得地爆发出情绪。比如，愤怒、不公平、纠结、悲伤、背叛、匮乏等。如果看不到背后的这些，就会活在无名之中。

就此明了：

身体不舒服的部位去看到背后隐藏的情绪；当我们情绪来了，能否看到那个瘾，脱离无名，断却重复；上升一个空间，当有更大的事业、情怀、梦想去装下更多人。

穿心一问：

今天我有什么样的情绪？还活在无名中吗？那么小的事还需要去耗我的能量吗？

就此醒来：

我是世界的一部分，你也是世界的一部分，我和你本是一体，我和万物也是一体，我以怎样的眼光去看待这个世界？我的价值不是耗在挑剔，不是耗在评判，不是在分裂中，我要活在我的圆满具足中，同时也看到每个人的圆满具足！

今天功课：

觉察今天一天的情绪，放下所谓"应该"的标准。无论发生什么，用"一切都是正常"这个眼光去看待今天！

十一、情绪（二）

以体验入，与智慧合。

今天的主题：情绪

公司管理层在探讨，有个别同事容易情绪化，很容易掉到自己的世界里，拽都拽不出来。其实我理解一个人进入自我的世界，活在自己编导的故事里，就好像老师说得像一个虫子，在狭窄的空间里，只能蠢蠢欲动地活着。因为眼界太小，看不到更高的世界。

过去，我曾是一名家庭主妇的时候，经常掉入所谓这个人好那个人不好、这个事不能这样应该那样的争论中，过去和爱人三两天吵架冷战，今天回顾起来，我都记不起为什么吵架，好像都是芝麻点儿大的事，但对于当时的我来说就是天大的事，所以我理解很多学员当下的状态，说白了，就是没受够，还玩得乐在其中。

行深一步：

所谓的这些情绪，就是我们当时的世界观太窄了，没有大的情怀，心里的载体太小了，心里装的人太少了，没有更大的事来替代。今天我们在做道禾，要让天下没有难做的父母，要让天下没有难做的企业，要让天下没有难做的人，已经没有时间去想这个人好那个人不对，没有时间掉入所谓家长里短、儿女情长的俗事里。

就像志一老师在《弦外之音》里说过的："能用就用，不用就放着，不做任何评论和执着，立刻节省95%的能量，因为我没有了这些杂念，和这些杂念较劲，纠结妄念，我立刻放下，尤其面对人类的世界，愿意交给就交给，愿意交往就交往，不愿意就放一边，不再评论任何人，立刻进入无上自由的世界。"

为什么我们没有智慧？因为我们心灵不自由，我们把精气神都耗在了无用上。

就此明了：

情绪没有对错，只有能用不能用，能否转化，凡成大事者，不会自哀自怨，就这点儿破事看不明白，能生成什么气质？所有一切的发生都是临时组合，

缘起缘灭。

就此醒来：

大树的枝叶会坏，会凋零，而大树只管深深扎根，枝叶自然生长。不管发生什么，我只管成长，我只管扎根，事物自然顺势发展！只要我不动，静下心来，悲悯之心自然升起。

今天功课：

我深深地扎根无须在意那些掉落的叶子，只管生长。今天静坐 10 分钟，观想这一天身体出现的情绪感受，收回能量，不再去消耗，不去评判，进入自由的频率。能用就用，不能用就放下。

十二、评判（一）

以体验入，与智慧合。
今天的主题：评判

小时候，我考试考了 90 分，但父母看不到我考了 90 分，他们的焦点只会在那丢掉的 10 分上，那 10 分去哪里了？他们爱我的方式就是挑剔，所以我长大了，我爱谁我就挑剔谁，喜欢谁就给谁提建议，谁和我走的最近，我就伤害谁，自我感觉还挺良好，因为我有一个完美的挡箭牌：我是为你好啊。如果 6 年前我没有学习，没有智慧，也许今天的容貌就是一张苛刻的脸。

只要我对他人有评判，一定是我对自己的评判，我绝无可能看到心中没有的。只要我对他人挑剔，就是不接纳自己，就在分裂，分裂的内在投射出支离破碎的人生。

行深一步：
评判的人周围一定是非多，评判别人的同时，自己也会成为被评判者，

试图用分裂的方式获得平安绝无可能。评判的背后有着比较，试图用对方的不好来显得自己的高尚。深入一步，想证明自己高尚的往往价值感不足，需要通过评判来被认可。

就此明了：
评判会消耗能量，切断爱的连接，失去爱自己的能力，当我不爱自己，我去爱全世界；当我爱自己的时候，全世界爱我。评判阻碍我们看到真相，阻碍我们与世界的合一。

穿心一问：
评判的背后是什么？

就此醒来：
评判背后意味着心太小，容量少；评判背后自身标准多；评判背后是自我不认同；评判背后是分裂；评判背后是攻击；评判背后是证明；评判背后是需要被认可；评判背后是无价值；评判背后是不爱自己；评判背后是缺失。

我本自圆满具足，无须通过被认可而有价值，本身就是价值。凡要证明的都是进一步证明自己的所缺，我无须证明，我只需通过神性的眼睛来看世界，看到圆满具足，看到完美。草有草的完美，花有花的完美，没有谁更好，没有谁更美，无论我怎么看他们，他们只是各自显现，都是完美的。我是独一无二的。同时每一个人都是独一无二的，我和每一个人都是一体的；花和草都有自己的独特，同时也是一体的，都是这个世界的一部分。

今天功课：
看到所有一切，放下标准，看到背后独特的完美，我接纳每一个人的独特。

十三、评判（二）

以体验入，与智慧合。
今天的主题：关于评判

我们评判他人的其中一个原因是：不是他人做了什么，是我们相信了什么。我们所相信的，你认为好的，别人做了相反的，你就会认为不对。我们头脑评判别人好坏，就是我们曾经学到的那些东西。

托尼老师曾和他的朋友出去度假，他的朋友觉得每件事都有问题，都是批判，他看到的任何人也都有问题。

托尼老师说："我们玩个游戏吧。不过对你会有些困难，游戏里有些规则。"他的朋友说："没问题，一起玩吧！"托尼老师说："在这个游戏中，我们谈论别人时，你说别人的不好，你就说'这是我'然后你得1分，如果你没发现你评论别人的缺点，我发现了我就得1分。如果你发现你说的话是赞扬、肯定的，你就得2分。"

于是在路上他们聊天，提到一些人，他在评判别人的时候，老师就提醒他说："这是我！"他说别人小气，就说"我小气"。老师提醒他，如果在旅程结束时他输了，就请老师吃饭。他开始注意自己所说的话，他不断地说："这是我，这是我！"他开始试图去说赞扬、肯定的话。在前行的过程中，他问这人怎么样，我说很好，他也开始发现别人的好，托尼很开心，他朋友的脸上也绽放了笑容。他原来是个比较严厉的人，当他们来到餐厅用餐，服务员来的时候，他朋友难得地表示了感谢。

我们对他人的评论，不是关于他们的，是关于我们所认为的。我们不喜欢某些人就会去评判他，当我们评判他时，我们就错过了看到美的机会，错过了看到这个世界的美。你评判别人，头脑好似知道你好，而你评判意味着攻击，攻击只会让你更加防卫。不要去评判别人去证明自己的好，不要去分

析其他人来显示自己的好，所有的评判与他人无关，都是关于自己的看法，自己的投射！

行深一步：

如果雨天，你说这应该是晴天；如果是晴天，你说太热了。所有都是在适合的时间合适的发生，雨天就庆祝雨天，晴天就庆祝晴天。我们有自己的完美，他人有他人的完美。百合有百合的美，玫瑰有玫瑰的美。

就此明了：

我们的评判就像是眼罩，障碍我们看到美好，我们是每个人，每个人是我。只要还在评判就是分裂，分裂就无法圆满。如果我们爱自己，那一定是看到了他人的完美，才能看到自己的完美。

穿心一问：

为什么我要去评判他人？评判这个世界？难道我需要评判来证明自己？难道攻击了他们，我就圆满了？为什么不是从欣赏他人开始圆满自己？难道我如此狭隘，只能活在自己的标准里？这个标准又来自哪里？是我看世界的方式？还是我需要用全新的眼光去看世界？

就此醒来：

评判是你企图通过注意力转移和对外的宣泄来掩饰你内在的不适，是能量的大出血，或者说是一种力量的丧失。我将力量给了那些我所评判的人和情境，今天开始，我不需要通过评判来防卫，放下评判，放下分离的幻想，立刻获得平安！

今天功课：

今天花些时间，往内看，为什么觉得这些人是错的？我们是否对他人评判了，说了一些负面的话？我们去转化，去看到每个人的优点，去看到深层次的完美。我们只有放下我们的评判，关注自己，去找到完美，而不是惩罚自己，要去接纳，回归平安。

十四、能量的平衡法则

以体验入，与智慧合。
今天的主题：能量的平衡法则

这段时间，小女儿在我身边，同事们把孩子照顾得很好，我问萨莲老师："你对我们家女儿这么用心，又是陪她，又是给她买衣服，你两年没见自己的女儿，想念吧？"

萨莲老师说："你女儿就是我女儿，我对你的孩子好，也会有很多人对我的孩子好，都是一样的。"

行深一步：
就好像回声，当你在山谷大喊，声音会停一下，过一会儿再回过来一样。能量的守恒定律，就是我们当下对他人所做的留下的能量，今后会在另外一些人身上呈现出来。如，我对某人挑剔，在生活中的环境就容易出现是非；我经常帮助别人，那么我生命中的贵人就多；我对人傲慢，就有其他人不会尊重我。情绪也是如此，我对人恶语，自然有其他人让我愤怒。能量不是一对一来实现，它是不同的人组成的整体，我对你所做，必将通过另一个人来实现，能量一直在，它不会消失，所以今天的一切都是自作自受。

就此明了：
我今天得到的都是我曾经给出去的，我未来得到的都是我今天给出去的。我究竟想要平安还是冲突？我若想要活得平安，只能全心给予；我若渴望冲突，必会患得患失，总想占些便宜。我若想要活得丰盛，只能全心付出；我若渴望贫穷，必会斤斤计较，不能吃亏。我若渴望获得智慧，必会全心服务；我若渴望愚蠢，必会眼里只有自己。

就此醒来：

就算我们即便不能理解我和你本是一体，都是大海里的一滴水，都是这个世界的一部分，基于能量平衡法则，我对一个人所做的，都会在另外一个人的关系上体现，那么我们就明白：我们如何对待别人就是如何对待自己，你要什么就给什么。

穿心一问：

今天我给出的是什么？我又想要得到什么？我能给出的是什么？

今天功课：

我跟某人的关系，是因为曾经我对其他的人做过什么？基于今天的结果，我忏悔或感恩我曾经对其他人所做。我得到的都是我给出去的。

十五、演讲

以体验入，与智慧合。
今天的主题：演讲

本次《演说智慧导师班》开启了导师型企业家的训练。从过去的害怕说话，尤其拿起话筒头脑就空白，到今天能够在全国各地乃至全世界的舞台去演讲，这里面的确有很多心法，这也是道禾大学堂入门学科，教会一个人演讲对道禾来说也是最简单的。

从会演讲到讲得好、讲得妙，这是一个过程。过去，我想着能上台说两句不丢脸就心满意足了；慢慢地开始能够讲得还不错，这能使个人形象加分，而且作为公司的董事长也有许多场合需要演讲；逐渐演讲开始变得有要求，别人需要什么，我能提供什么价值；最后到志一老师那一层智慧型，不是你想讲，而是别人要求你讲，想听你讲，只要拿起话筒就能唤起对生命的觉醒，

能引发人生命的改变。

行深一步：

未来的时代是自由意识呈现，个性化的时代，从互联网、区块链开始，每个人都有自己的空间，需要个人品牌形象的塑造，那么演讲必将成为每个人必备的基本能力，就像今天人人都会开车一样。

如果说有一种方法，能让1000人在10分钟以内不仅能对你印象深刻而且能够记住你，还能觉得你很棒，那么我想非演讲莫属。

回看志一老师演讲的场：

1. 在小场：讲经历、讲体验、讲互动、讲细节感觉，真实引起共鸣。

2. 中场：讲结构、讲逻辑、讲印象（干脆、利索、大气）、讲情愫，情怀、情感的互动。

3. 大场：讲境界、讲立体（国家、社会、人类、商业、当下爆点）、讲大气、讲高维次。

再行深一步：

很多人演讲会讲死，讲成播音员，缺少了情感，这里面最大的核心就是真实情感的调动，这个可以分四个步骤。

1. 情绪。

2. 画面（我看到、我听到、感觉到）。

3. 体验到什么。

4. 升华（上升一维、行深一步）。

首先表达某一种情绪，再描述一个画面，能把人带入这个画面就成功了，让听众感同身受。在这个经历中体验到什么，引发什么样的思考，最后无论得到什么样的结论，都可以使智慧升华（人生不是得到就是学到），这个升华不仅激励了自己，也能对他人有帮助。

这个流程随时捕捉当下的体验，当下的感受，每一个的发生都能转化成为一段精彩的演讲。

当然演讲需要基础：

1. 知识面要广：历史发展、宇宙变化、国家的趋势、市场经济发展等。

2. 博古通今，借古明今，了解《资治通鉴》《道德经》《传习录》《论语》以及《黄帝内经》等各个方面的经典。

3. 当下社会时代爆点，能与时俱进。

演讲的秘密：

演讲是真实的流淌，是思想的放大，是放大的聊天。强调一下，演讲是放大的聊天。

今天让我们拿起话筒，劈开一个世界，让世界听到你的声音。

十六、施与受

以体验入，与智慧合。

今天的主题：施与受

有这么一件事，A 把心爱的包送给了 B，B 很开心地收了，结果没几天 A 发现 C 用了包，结果 A 很不舒服，说 B 怎么能把自己送的东西送给别人。

《朱子家训》说："施惠无念，受恩莫忘。"如，我帮过你，一直惦记着你欠我的情，这就是施而不舍。

当你给出的时候，给出了就是属于别人的了，不是因为交易，而是自然的给予！给予不是别人的需要，是自己的需要。就像水在流动，当把水止住，

它就会无法流动，水的压力就会增大！如果你想要更多财富，你是放在银行有利息还是给出去，还是去扭转，升发更多？智慧放在自己身上就不会有流动发生，当你给出去，就会有更多的流动起来。

施与受是合一，接受也同样重要，接受也是一种能力。A夸赞B："你长得真漂亮。"B很不自在地回答："没有，没有。"

很多人都能够给出，但会拒绝接受。尤其当一个人无缘无故对你好，你会惶恐，你会不好意思。这背后有几个声音：

1. 你对我好，我好像没为你做过什么；
2. 你给我，是不是觉得我没能力；
3. 不好意思的背后是我不值得拥有。

当别人给予，不要去拒绝，你要感恩的接受，说感谢，给他们给予的机会，永远是微笑，感谢他们，感谢你拥有的一切。

行深一步：

有人需要帮助，去帮助他们，慷慨地去做！当你给予的时候，不要去盘算，你去给是因为你想这么做。可以给予赞美，给予钱，给予分享；可以接受爱，接受赞美，接受美好。打开宇宙的门，当你给予就准备好接受，因为你给出的，宇宙会成倍地给你，如果对某个人友好，就去给爱，让生命充满喜悦，施与受就是同一人。

就此醒来：

我们绝无可能给出我们没有的东西，能给出去的是因为我们有，每一次的给予都印证了我们的有，有又强化了我们的丰盛。

今天功课：

让我们慷慨的给予、优雅的接受、感恩的对待、喜悦的享用！

十七、耐心

以体验入，与智慧合。
今天的主题：耐心

有个学员之前做装修，觉得挺辛苦也没赚到什么钱，于是改行做了餐饮，不到一年又经营不下去，改行做直销，直销发展很慢，又去做微商，到今天越做钱欠的越多，到处求方法、求资源。

这是目前普遍发生的事，大家都很急，急着赚钱，恨不得今天做明天就赚钱，越急越没方向，越急越想投机。

有个小孩子在晚上哭着、闹着："太阳什么时候能升起？我想要太阳升起。"

大人回答："等等，等你醒来太阳就升起了。"

是的，等等。对我们人生中太阳的升起要有耐心，当我们试图去做一些事时，我们不断尝试、不断努力，但是事情没有如我们所想的那样发生，因为这些事情是我们早已设定好了，该如何发生。

当我坐在高铁上，隔壁有个帅哥坐立难安，不断看着手表。我看着窗外景色美丽，便忍不住问他："你是不是有个约会要迟到了？"

"是的，"他很着急地说，"要迟到了。"

我问："你肯定你不能及时到吗？"

"肯定要迟到了。"他答。

我想这位帅哥无论怎样着急都无法更早到。

就像是我们生命的旅程，你可以尽你所能的奔波，但你无法早到，但你要信任旅程，如果宇宙运转的飞速，你也无法比宇宙运转的更快，这些事将会在合适的时间发生。

落地使用：

任何事情的发展都有一个规律，就如：

当毛竹还在笋期时，已三五年不长了。三五年之后，竹子会突然发力，大约每天 30cm——50cm 疯长。竹子之所以有三五年不长，是因为那几年间，它的根部在地下疯狂的生长。

一个池塘要长满荷花需要 30 天，每天努力的成长，当荷花长到池塘一半的时候已经过了 29 天，但是只需要一晚上整个池塘的荷花都长满了。

当你时间到了才会发生，时间到了自然就会发生。

我们之所以做不大，做不强，做不成，就是缺乏耐心。

1. 我们目标定的周期太短，总想一年怎样，两年多少翻，三年上市。一开始的基因就不对，就长不大。那我们今天这个事准备做多少年？

2. 二零八零定律，如果一个目标以 10 年为期，前面八年只会完成总目标的 20%，后面两年才会完成总目标的 80%。所以成功路上并不拥挤，因为持续到第八年的太少了。

上天会不断考验你的耐心，看看是不是真的是你想要的。如果你想失败，那就只管找理由，没钱、没资源、没背景、市场难做……想要放弃可以给自己找无数条理由说服自己。

在这里我们可以认清一下事实：

1. 绝大部分有钱人都是从没钱、没资源、没背景开始的。

2. 市场再难，十年后有钱的人依然会比今天多。

3. 做任何一个行业、产业都难。

4. 实现财务自由的人大部分都有一个稳定且长期的事业在做。

回看：

在什么情况下知道我们的耐心如何？

1. 和孩子在一起的时候。孩子是磨人耐心最好的使者，他们可以瞬间点燃你的情绪。跟孩子在一起是最好的实修。

2. 打坐是最好的考验。当我们背酸、腿疼、脚麻很容易就放弃，我们对我们的身体都如此难以掌管，我想做一份事业的难度远远超过打坐一个小时

的难度吧？

就此醒来：

保持耐心才能定下来。

荀子说："不积跬步，无以至千里；不积小流，无以成江海。"

《道德经》第二十四章说："企者不立，跨者不行。"

就此明了：

你的太阳等待着升起，可是要在合适的时间，要有耐心。我在完美的列车上，生命的列车是安全的，我的耐心向宇宙展现了信任。宇宙是有耐心的，生命需要耐心，我们的成长也是需要耐心的。

今天功课：

花一小时专注做一件事，保持耐心，比如写字、插花、喝茶、画画、看书或者高品质陪伴孩子等，只专注一件事，看看自己的耐心。

十八、觉察

以体验入，与智慧合。

今天的主题：觉察

学员问我，怎样才能改变情绪？怎样才能让自己变得优雅？怎样才能改变自己？

你告诉她方法，是很难让她改变的，人之所以很难改变，是因为自己看不到自己呈现的样子。

水里有两条鱼碰面了，大鱼问小鱼：今天的水怎么样？小鱼很纳闷，水是什么东西？

我们对于天天所接触的，或习以为常的东西失去觉察。

行深一步：

当有人想让自己更有气质，更优雅，在什么时候能改变？在所有的行为举止间。意思是说，当自己说话语速快的时候，当自己一边吃饭一边张牙舞爪的时候，你意识到了这些行为，你才会有意识地让自己慢下来，有意识地了解自己做了什么。

就像一个人从小受家里影响，每次吃饭都喜欢喝上几杯酒，觉得喝酒就是一件很正常的事。慢慢地每次都会喝多，这是一个长年累积、不知不觉增加的量，所以自身并没有觉得喝得多。每当一喝多，他就开始口齿不清，见人就拥抱，甚至又喊又跳。大家劝他少喝点儿，可他根本就没觉得自己喝多了，所以怎么都改变不了。直到某一天，他看到自己酒后的一段视频，知道了自己原来喝完酒是这样的如此不堪，就在这一刻开始他再也不多喝酒了。

不怕念起，就怕觉迟。

一切的改变从觉察开始。觉就是发觉，察是看出来，只有觉察才会让人改变，只有觉察才能醒觉。

就像财富。财富得不到改善，是匮乏的概念使我们陷入无尽的轮回，每一次花钱，每一次不够，都会重复不够的感觉。尽管我们不断地对大脑强化我是富足的，我是圆满的，可依然不能改变。那是因为我们没有深入地去觉察关于钱，关于财富每一个行为背后的因。对于财富我们要不断地深入再深入，就像与自我的关系一样，"太贵了，不够，不好意思，穷"，想要钱却耻于谈钱，我们往往被自己的假装给蒙蔽了。觉得"太贵"那一刻是否觉察到自己的无价值感，从什么时候开始有了这个感觉？

上升一维：

我们经常说体验自己的体验，体验他人的体验，体验万物的体验，而在体验之前先要打开自己觉察的能力，你才会有感知力。觉察自己当下的感觉，觉察身体的反应，觉察起心动念。什么叫活在当下？当你看到自己思绪飘走，

你这一刻就在当下，你感受每一刻的感受就在当下。

回看：

有觉察就不会用自我的判断和偏见去编写人生故事。

故事，是指头脑的一切编写及编写的行为。

觉察，是指头脑对自身所发生一切的直接知道。

觉察无意改变故事，但故事可能因为觉察而自己改变。就像阳光无意改变植物，而植物却因为阳光而自我改变。故事生故事，不需要觉察，所以《西游记》中，以喻显理：女儿国里女人可以自己怀孕，不需要男人。

落地使用：

如，人为什么精力不够？妄念纷飞，无法与当下的觉在一起。每当我握手，碰到铁砂掌，我会说："事急心不急。"

如，上课带手机的都学不好。眼、耳、鼻、舌、身、意直接把人的思维分散，手里记着笔记，脑袋想着谁打我电话、刚才的新闻是不是真的等。做一件事就专心地去做。

如，孩子叛逆不听话，往往父母陪伴太少。有父母说："我陪得很好的啊，一直在家里。"我说的意思是陪伴的品质太差，你人是在家里，可你捧着手机，捧着电脑，并没有和孩子连接，所以孩子收不到啊。如果你玩手机你就好好玩，如果陪孩子就全身心地陪他。暑假两个月我是不排课程的，目的就是有完整的时间全身心地陪孩子和家人。

今天的功课：

无论我今天做什么，我都让另一个自己看着我，觉察我都在做些什么。我手机放这里，我说话是这样的模式，我走路是这样的，我看到我的表情，我看到了自己的肢体动作，我看到了我起的念。一切的改变从觉察开始。

十九、夫妻关系

以体验入，与智慧合。

今天的主题：夫妻关系

生命中最难的人际关系，无非是夫妻关系。我父亲曾说："什么人他都能管理，唯独搞不定的是自己老婆。"夫妻关系也是自己与自己关系最真实地反映，通过另外一半投射出来。

1. 青春期遇见儿童期

当年龄已到 30 岁了，可心智还处于儿童期、青春期的人，再找一个心智属于儿童期或青春期的人，可谓儿童期的无责任感和青春期的任性、叛逆的结合。

良好的关系首先是成人期遇见成人期。成人期和年龄无关，有人 40 岁，心理还处于 16 岁。这也是过去的人为什么要有"成人礼"，通过仪式确认自己成人的生命状态。心智上到了成人的状态，就要知道自己所要承担的责任，有哪些原则和底线，能够延迟满足自己需求，做任何一个选择能够为自己负责任。

如：当下离婚率越来越高，在自我没有建立，自我没有得到完善，在荷尔蒙的冲动下结婚，青春期中的抗争无法承担，导致夫妻快速分手。

2. 误区：从另一半找缺失的爱

如果一个从小缺少父母陪伴、缺爱的人容易长成黄连，再遇见一个同样很缺乏安全感的人，于是两人就组合成了双黄连，越过越苦。

谈恋爱最可怕的是认为自己终于遇见了自己的另外一半。这就意味着我是缺失的，不是完整的，需要靠另外一半来填补。多年以后，你会发现所谓的另一半根本填补不了，因为从外面去弥补的永远补不上。

从本质上来说，我们一开始就是在找彼此满足隐性需求的那个人，如，你要找一个善良、体贴、贤惠、长得不错的，她要找一个孝顺、有责任感、有主见、可靠的，于是两人有了感觉，开始在一起。男人希望女人永远不变，女人总是希望男人会改变。一旦隐性需求得不到满足，于是纷争就开始。

如，一个女人因自身学历不高，找了一个高学历的来填补，结果只会越来越自卑，越自卑越防卫，越防卫越攻击。

3. 越是熟悉的人越是缺少尊重

越是熟悉的人越是没有敬畏感，最随便。女人出门都是精装，在家都是简装。男人在外都得体有礼，回家一动不想动。如果结婚时没有想过彼此要好好经营这份爱情的事业（强调下是经营），那么无论你再貌美如花，再有钱，等彼此的荷尔蒙下降，激情没了，花前月下不在，最终成为最熟悉的陌生人，无奈、冷漠地将就着。

如，拿到结婚证那一刻起，好像都成了彼此的拥有权，以"我都是为你好"来彼此操控，开始没有了尊重。我想领结婚证，除了彼此享受的权利和应承担的责任，更重要的是彼此约定，每一天都能保持对彼此的尊重。

4. 女人干女人干的事，而不是保姆干的事

女人在家里付出很多，为什么男人收不到？

女人做家务，时间一长，心情不好，有怨气，又期待爱人能够肯定。一旦没得到爱人肯定，就会产生隔阂。保姆干的活，在情感上是最不需要的，女人应该干女人该干的事，花半天打扫卫生 60 元，而这 60 元你研究下家里的氛围感觉，泡一壶茶，看一本书，断舍离，买盆花，研究家里的食谱，这些会让家的感觉上升一层。

有些人家里装修 30 年不变，再好的装修一成不变，就如每天吃鲍鱼，吃上 30 年也会吐的。家要始终保有新鲜感，激发好奇心，今天这里多盆花，明天窗帘换个风格，始终在创造一个美好的场域。有些人说："这有什么意思？"

我说："苏州为什么成为旅游胜地？就因为那些花花草草，那些假山，那些小桥流水吗？那些花草不值钱，可是没有那些花草也只是钢筋水泥，一文不值。"

女人要做的是成长，有自己的思想，有自己独立的见地，做有智慧的人，如何成为一个智慧女人？如何成一个智慧父母，并对生活充满热情？

如，家里的床不能超过1米5，最好1米3，减少冷战的机会。一旦床太大，容易分离，开始一人一半，慢慢一人一个房间，最后一人一套房。

5. 男人理性，女人感性

男人是就事论事，女人喜欢扯上一堆，变成女人不会表达，男人不会听。就像男人一直出差，女人见到男人说这个人难相处、孩子出现什么问题、自己身体不好等，其实无非是想表达，你要关心我，我需要你的爱。

6. 男人需要被崇拜，女人需要被敬畏

男人内在有征服欲，男人获得成就感一部分源自于征服女人，所以男人需要被女人所崇拜。

如，男人怕麻烦，怕没面子。面子很多时候是支撑男性力量的来源，两个人的时候怎么都好说，有其他人在的时候，女人多给予尊严，这也是几千年的文化属性。

女人骨子里的韧劲儿、坚强也是男人所需要的。小事上女人容易纠结，一旦发生重大性的变故，男人开始慌了，女人反而定下来。为什么女性会有如此强大的韧劲儿？过去女人生孩子相当于从鬼门关走了一趟，难产的概率很高，从某种意义上讲，女人愿意为男人付出生命，同时有孕育生命的能量，所以女性骨子里流淌着坚强。当男人敬畏女人，其实敬畏的是天性里的东西，有了敬畏，男人对自己的行为就会有所觉察，不至于得意忘形，失意变形。

7. 女人跟随男人，男人服务女人

嫁鸡随鸡，嫁狗随狗，一旦确定夫妻关系，两者成为命运共同体，女人

学会跟随；同时男人是天，想要让女人依靠，那就学会照顾女人。没有哪一个女人想要成为女强人，之所以要强是背后缺少一个智慧的男人。男人通过呵护女人，女人就有机会柔情似水。让女人成为女人。

8. 让对方觉得"我很行"

有学员问我，她老公每天在家玩游戏，看电视剧，一点上进心也没有，怎么都影响不了他，该怎么办？

这是很多已婚女性，尤其是要强的女人经常碰到的问题。好男人都是好女人培养出来的，是女人崇拜出来的。男人之所以迷恋游戏，第一，是在游戏中有价值感，能被肯定；第二，男人没有梦想，在生活中没有值得奋斗的目标；第三，他是通过游戏释放积压的情绪。

如，女人让男人洗衣服，结果洗完衣服，衣服上还留着许多洗衣粉，女人很生气，从此以后都不放心让男人洗衣服。最后女人说男人没用，什么都靠不上。要想让一个人强大起来，必须给对方犯错的机会，让对方觉得自己行，给男人呈现的机会。一个智慧的女人不是把自己变强，变得什么都能干，而是让自己的男人什么都行。女人说："男人，这个事只能靠你了，只有你能做得了。"男人在被崇拜中开始成长。当然，作为男人，要有人生目标，要有梦想，才能让生活充满激情，不至于靠游戏、麻将来麻木生活。

如，男人出差为女人买了一个 LV 包，女人非常生气，认为家里本来就没什么存款，还花 1 万多去买个包，实在浪费。从此以后这个女人再也收不到任何礼物，后来男人有钱了都把礼物送给其他女人了，女人就这样把多年培养的男人推给了其他女人。男人需要价值感，你因为价格拒绝了他，而他收到的是在你这里找不到价值。

9. 爱的五种语言

我在课堂中讲过一个案例：

有对老夫妻结婚几十年要离婚了，吃最后一顿饭，老太太顺手又把鸡腿

夹给了老头子。

老头子终于忍不住爆发了："我真是受够你了，我最不喜欢吃的就是鸡腿，每次你都给我吃。"老太太一听瞬间泪流满面，说道："从小我父母都是把最好的鸡腿给我，自从嫁给你，我都留给你吃。"

大家听完这个案例都哈哈一笑，事实上这个故事说出了很多夫妻关系的问题，两性之间很多时候不是爱不爱的问题，而是爱的方式问题。给到对方的或许是自己认为最好的，却不一定是对方需求的。这里通过五种方式，尽可能地以对方需求的方式表达爱。

爱的语言之一：欣赏

感性地表达爱的方式之一，是用欣赏的话语。口头的赞扬，或欣赏式的话语是爱的感受的有力沟通工具。马克吐温曾说："一句称赞的话语，可以让我活两个月。"

爱的语言之二：陪伴

陪伴是最长情的爱。如果你的另一半的爱语是需要陪伴，那么请准备好你的时间和精力，例如周末度假、晚餐、倾听或者散步。

爱的语言之三：礼物

如果你的配偶主要爱语是接受礼物，那么，你就要成为送礼物的高手。事实上，这是最容易学到的爱的语言之一。此外，还有一种无形的礼物，就是你自己，你可以把陪伴作为厚礼，献给你的爱人。

爱的语言之四：服务

做你的爱人想要你做的事。你借着替他服务，而让他高兴，借着替他做事，来表示你对他的爱。

爱的语言五：身体的接触

身体的接触可以建立或破坏一种关系，它可以传达恨或者爱，对主要的

爱语是身体接触的人来说，身体的触摸远胜于"我恨你"或者"我爱你"的字句。很多人不明白，五指交叉处是很多人的敏感地带，所以拉拉手、拥抱、抚触头发，都是皮肤饥渴症的最大需求。

爱是一种选择，选择以彼此能够接收到的爱的语言去爱。找到自己的需求，也找到对方的需求，同时学会表达自己的感受和需求。

10.人的个性特点

每一个人都有自己的特性，尤其是与生俱来的特点，我们把这些特性大致分为四类：

第一类：视觉型。这类人的个性语速快，重视画面感，以结果为导向，缺乏耐性，穿衣服色彩艳丽，重视款式超过材质，如，以合同为例，视觉型的人会草草带过过程，只看几个核心结果。

第二类：听觉型。这类人语速相对视觉型慢一点儿，重视听感，煲电话粥几小时都不累，喜欢讲道理，做事有条理。如，看合同会看过程，会逐字逐句的检查。

第三类：感觉型。这类人语速慢，重视感觉，容易沉浸在自己的世界里，穿衣服不重款式，重视舒适度，能坐着不站着，不拖到最后一刻不行动，称之为慢性子。

第四类：我觉得型。这类人以自我为中心，说话都是我怎么样，我觉得怎么样等，有主见，同时这类人不容易听见他人的意见，也容易把自己的想法强加于对方。

当视觉型遇见感觉型，视觉型受不了感觉型的拖拉；而感觉型听视觉型说话就会很累，经常听不懂，因为太快。当夫妻之间了解了彼此的特性，就可以有意识地理解对方，以对方相同的频率去相处。

11. 爱不够是彼此连接的不够

一般来说，两夫妻之间有三个以上孩子的都不容易离婚，这是什么原因呢？首先明白婚姻是什么？婚姻就是连接，夫妻一体，要想有永恒的爱情，必须要有永恒的连接，彼此互生。明白这点，那就在两性关系中不断创造连接，语言的连接、生活情调的连接、钱的连接、孩子的连接、性的连接。

催眠大师艾瑞克森曾经治疗过一对夫妻，用的就是连接的手法。有一对夫妻关系破裂将要离婚，于是女方找到艾瑞克森寻求改善婚姻关系的方法，艾瑞克森就给她一个任务，夫妻俩一起做一顿饭。女方要求男方在离婚前一起做一顿饭，于是彼此配合下从买菜到用餐整个过程，一顿饭后，两夫妻和好了。这就是找到彼此最初的连接，强化连接。

同理，在恋爱中，投入成本越高就越不容易分手，如，时间成本，大量的时间为对方付出，做得越多的一方越不舍得放弃；花钱的成本，一方投入的金钱越多，尤其给对方买车、买房，花得越多的一方越不舍得放手；家里的床小，让夫妻之间保持良好的身体连接，尤其是性的连接，就怕女人一生气就性惩罚，男人满足不了就更烦躁。所以共同的孩子越多离婚率越低。

12. 两性私密空间

有一个学员，一直说夫妻关系特别不好，总是吵架。在和他的聊天中，发现她们家住了许多人，女方父母、妹妹、弟弟、孩子。这就是很大的问题根源，男方和女方的家人生活在一起，第一，男方缺少自由；第二，女方又把焦点放在家人上，男方基本被忽视；第三，女方比较能干，相对比较强势，男方尊严受到影响；第四，两人缺少私密空间，缺乏连接；第五，女方不欣赏和肯定男方。后来女方根据这几点改善后，夫妻关系又和好了。

一般家里人多，事情就多，精力、情绪都会分散，所以彼此都会忽略对方。两性关系长期良好，需要长期有情调的经营。那如何经营情调呢？

第一，时间，无论家里多忙，都留一点儿时间给彼此，无论是交流，还是看电影，还是出去旅游，只有彼此，这样会不定时改善和修复两个人；第二，空间，因为照顾父母，陪伴孩子，以及各自的工作，都会影响两人之间的关系，彼此要留些两个人"浪费时间"的空间；第三，角度，在家庭中，我们很容易定位自己的角色是父母的子女，是孩子的父母，但我们经常忽略一个角色：爱人、情人、知己、同行者、陪伴者、一起到老的人。这就是我们两性之间的角色，甚至还可以是更多角色，用这些角色来经营两人之间的关系。

13. 能量交汇

男性身上阳性的能量与女性身上阴性的能量是完全不同的，正是完全不同所以强烈的相互吸引。夫妻一结合，两种能量频率相融汇，频率就会变得相似，相似的能量频率彼此吸引力极速下降，这就是为什么相处久了感觉没了。

小别为什么胜新婚？男性与女性分开一段时间，各自的能量会极大不同，于是又会进行相吸。所以男性就要出去和男性多接触，女性有女性的生活圈子，去调整自身天性的频率，当两种能量又恢复到完全不同，两夫妻再在一起能量自会相互吸引。小别胜新婚这种感觉就来自于能量调频后像吸铁石一样的阴阳相互吸引。

14. 夫妻命运共同体

经常有学员因为婆媳关系、孩子的问题导致夫妻关系破裂，这里面要清晰一下彼此的关系。首先明白，世界上唯一以分离为基础的爱，就是对孩子的爱，孩子不是你的，只是经由你来到这个世间，他们终将有自己独立的生活；父母也有父母的命运。所以陪伴我们到老的既不是父母，也不是孩子，是你的伴侣，无论外面发生什么，至少你俩是一体的，共同面对。

如，一对夫妻，因为男方很孝顺父母，所以什么事都听母亲的，而母亲看不上没文化的媳妇，一直关系不好，很多年后男人疲惫不堪，女人痛苦煎熬。而事实是两人关系一直不错，就因为母亲的事三两天吵架。这里帮他们夫妻理顺了一下重点：

（1）孝和孝顺是两回事，尊重父母，不代表要顺从父母的安排；

（2）夫妻两个是一体，共同面对，不是站在彼此的对立面，要一起商讨面对的人生困境；

（3）夫妻过得幸福才有机会更好地孝敬父母。

15. 允许自己比父母过得好

如，某单亲家庭长大的孩子，结婚后，看到父亲或母亲独自一人过得很苦，很孤独，原本夫妻恩爱，但他怕刺激到单身的父亲或母亲，就不敢让自己过得太开心，这种潜意识的想法会导致夫妻关系越来越糟糕，好像只有自己也痛苦才对得起含辛茹苦养育自己的父亲或母亲。所以不管父母目前是什么样的生活状况，依然允许自己过得比父母好。只有你幸福了，父母才会更安心。

16. 超越生活层面更高的追求

夫妻之间太过熟悉，容易陷入鸡毛蒜皮的事而发生矛盾，找一个超越生活外更大的梦想，共同去帮助更多人的时候，就没有精力陷入那些琐碎的困扰中。

提升精神境界，用宇宙思维模式扩大心胸。之所以一点儿小事就发生矛盾，是空间太小，拿一个装有垃圾的垃圾袋做案例，这个垃圾袋放在你身上，你觉得好臭好恶心；于是你把它放在一个房间，你发现没那么脏了，心里好受多了；如果你把它放在一个小区里，发现几乎不受影响了；如果你把它放到一个城市，你压根就注意不到了。空间大了，一点垃圾不受影响，心胸开阔了，鸡毛蒜皮都不是事。

17. 要什么就给什么

如果我们渴望爱，渴望幸福，那就给出幸福给出爱。如果说有因果，那就种下爱的因，如果说有能量守恒定律，那就给出爱的能量，有机会平衡回来。

那要到哪里种爱的种子？给那些需要的人。谁是最需要的人？那些孤寡老人，他们最需要爱，最需要陪伴。给他们无条件的爱，就是种下幸福的种子。

18. 两性关系其实是自己和自己关系的投射

说了这么多彼此之间融合的方法，都是在生活层面的。我们自己对自己的看法无法显现，只有通过对方才能让我们有机会投射出来。为什么我们总是说，我们的伴侣都是来渡我们的？我们也是借对方来修自己的圆满。我们有多欣赏自己，有多爱自己，有多圆满，那么彼此之间的关系就有多和谐。

19. 女人如水，水为财

夫妻关系也是财富关系很重要的一个因素，家和才能万事兴。夫妻两个人本身各有各的载体，成立了家庭后，两者载体合在一起，就会比原来个体的更大。如果经常吵架，就会能量不稳定，载体就会分裂，所以夫妻经常吵架的容易破财。

既然女人为水，水为财，家庭中的财位就在女性身上，对女性尊重也是对钱的尊重，经常打女人的男人，家里的财就进不来。同时女性作为财位，更应注意自己的身口意，当你嗔恨心一起，财就被你吓跑了，口业一出，钱就进不来，一个好女人，旺家里三代人。

夫妻关系的好坏决定了彼此之间的精力和情绪，彼此支持的能量就会让对方升腾，彼此耗的能量就会让对方消亡。

最后祈祷和祝愿天下有情人终成眷属，祝福每一对夫妻和谐美满。

二十、延迟满足需要

以体验入，与智慧合。

今天的主题：延迟满足需要

在古代，青年男女要举行行冠礼（女孩称笄），这个仪式标志着家庭中毫无责任的"孺子"转变为正式跨入社会的成年人，只有能履践孝、悌、忠、

顺的德行，才能成为合格的儿子（女儿），成为各种合格的社会角色。唯其如此，才可以称得上是合格的社会成员。因此，冠礼就是"以成人之礼来要求人的礼仪"。

在成人礼中，除了年龄，最重要的是具有成年人的思维模式，承担成年人的责任。比如其中有一点就是延迟满足需求。

据美国《体育画报》的调查显示，60%的美国职业篮球员会在退役5年内破产。这种情况不仅在篮球界，各种球员大部分都面临财政危机。为何会出现如此现象？

在生活中通常存在两类人，一类人在快行道上，他们愿意选择冒险、冲动和危险的生活方式；而另一类人则在慢行道上，他们会延迟享乐，为将来打算。愿意延迟享受的人会更多地为未来考虑，事业也会越来越成功。斯坦福大学米切尔教授的"棉花糖实验"：参与测试的孩子可以选择现在拿到一块棉花糖，或是晚些时候拿到两块，那些能抵御即时诱惑拿到两块糖的孩子，在十几年后普遍更为成功。

当大脑调整到快行道上时，人们只管当下的感受，把到手的资源挥霍一空，今朝有酒今朝醉。投入赌博及投机的人都容易进入快行道，寻求肾上腺素的刺激，于是钱来得快也去得快。

行深一步：
影响一个人卓越的往往是过去的成功。成功是很多因素多方面作用共同的结果，而人们在光芒下很容易高估自己的能力，产生错觉，不能正确地看待自己。如，同样一件商品，同样一个人是买家和卖家，心里估值的价格是不一样的，往往卖家的估值高于买家。所以成功的人会忽略其他因素，而高估自身能力，产生膨胀心理，对当下事物发展的判断力将有很大偏差，导致失败。

就此明了：

为什么说祸不单行，福无双至？屋漏偏逢连夜雨，坏事会接二连三，好事一来就没了。祸来时，不愿意受，不受不了，福来了立即接受，受了受了，一受就了。作为成年人，需要建立自我、完善自我，才有机会释放自我，一个学会延迟满足需求、延迟享受的人是完善自我重要的一部分。

就此醒来：

成功的路并不拥挤，保持耐性的人太少。每个道禾人都要具备一种能力：耐得住寂寞，挡得住诱惑！

二十一、同情的杀伤力

以体验入，与智慧合。
今天的主题：同情

前几天接到我妈电话，她说我大女儿很可怜，就怎么可怜形容了一番。我严肃而认真地告诉我妈："请不要对孩子说这样的话，在我面前也不用说。"

人有的时候自以为是的好心却不知道把他人带向了地狱。我和前夫分开，大女儿的抚养权归前夫，所以每次探望女儿就很费劲儿，一个月才能见上两天。我妈就认为因为我的婚姻不幸福，所以没妈陪着的孩子就很可怜。我还没哭，她就替我先流一通泪。

而真相是：除了我不能自由地去接女儿，女儿的爸爸及阿姨对孩子照顾得很好，很有耐心地呵护她。爷爷奶奶也非常疼爱孩子，没让孩子受什么委屈。孩子可以说是很健康地成长着，孩子也没觉得自己可怜，每天很快乐。可我母亲的一句话，会影响孩子所有的感官。

如，当孩子跑在路上摔倒，如果大人马上去扶，"哎呦，宝贝，疼不疼啊？"孩子会立即哭出来。如果大人不当回事地说一句："自己起来。"孩子也会当作没什么，很自然地过去了。

我父母亲吵了一辈子，读中学时我曾劝他们离婚，实在受不了天天争吵的生活，到今天为止依然是争吵不断，按我妈说的意思：为了孩子的幸福生活，怎么也不能离婚。我很纳闷，天天吵架的生活怎么就是为孩子好了？孩子需要的是风调雨顺的空间，并不是狂风暴雨的惊吓。不是两个人硬硬地绑在一起，孩子就会幸福，孩子的幸福来自于父母对孩子的连接，孩子能收到父母的爱。

父母爱孩子并不是天天陪在家里，而是陪着的时候要有质量。很多父母和孩子在一起，自己却玩着手机，看着电视，做着自己的事，人在心不在。很多时候孩子就是被这样的父母伤害着。

如，有一个将近40岁的学员，她说她和老公已经6年没在一起了，想离婚，可是为了孩子忍受了所有的孤苦。听这些话，我就替他们的孩子感到难受，天底下怎么都是这些混账父母，明明是自己的选择，非要把无辜的孩子牵扯进来。当你说你是为了孩子才不离婚，不就是说是因为孩子自己才不幸福的，孩子得承担多少压力，一个幼小的心灵，怎么承载得起你一生的幸福？

这个女学员之所以有今天的结果，就是当年她的母亲很早去世，她的父亲为了她一生孤独，所以要求她结婚后生的孩子必须跟女方姓，否则就是对不起她们家族。那时女方就为了满足这个条件找了个男人结婚。可想而知，不是因为彼此的感觉，不是因为爱，会有什么结果？男方最后反悔约定，不想让孩子跟女方姓，女方不同意，男方直接住到另外一个城市生活，6年没有回来过。女方一个人拉扯孩子的确不容易，为了孩子不想离婚，又痛苦不堪。她的父亲为了她做了牺牲，现在她又为了孩子做出牺牲，我难以想象，如果她一直这样下去，她的孩子会因为对母亲的愧疚，而使自己陷入痛苦之中。

很多人去贫困地区做慈善，到了那些特困区，很是同情人家，觉得他们

真的很可怜，没有交通，走不出大山，没有网络，没有好吃的。本来他们经济穷，精神不穷，可这样一说，他们就觉得很不公平，一下子就有了仇富心理，种下了不公平的情绪，甚至让他们失去了感恩之心，认为反正你们有钱，帮忙是应该的，他们失去了振作起来的空间。

行深一步：

不要随便同情人，当你同情那一刻，你已经把对方放在弱者的位置上，你的同情只会强调对方很可怜，不要去扼杀别人的性灵。同情不代表慈悲，你有同情的时间不如去祝福对方，相信对方。

就像父母对孩子的语言只有两种，一种是担心的，称之为诅咒的语言；另一种就是相信的，称之为祝福的语言。无论如何，那都是孩子的命运，自有他们选择要经历的去经历。每当父母去担心孩子，可怜孩子，就是在吞噬孩子的灵，诅咒着孩子。我们做父母的唯一能做的就是做好自己，成为孩子的榜样。同时给孩子支起一个空间，相信孩子，无论在什么样的生活方式下，他们一定会从中学到智慧，在经历中成长着，给孩子祝福，这才是爱。

落地使用：

人生三件事：自己的事，他人的事，老天的事。他人的事，要尊重和接受；老天爷的事，不但要尊重接受，还要顺应，尽人事，顺天意；自己的事全力以赴。

请用以下三句祝福词：

1.请赐予我勇气，改变我必须改变的。

2.请赐予我平静的心，接受我不能改变的。

3.请赐予我智慧，来区分这两者。

二十二、觉察今天自己所说出口的话

以体验入，与智慧合。
今天的主题：觉察说出口的话

今天得到的都是我们曾经给出去的，未来得到的都是我们今天给出去的。得到今天的命运只有三个途径：行为、语言、起心动念。祸从口出，并不仅仅是言多必失，而是指口业的四种：恶语、绮语、妄语、两舌。

这四种语言都是我们的祸，不知道什么时候就开花结果。我忏悔最多的就是语言上，从小聪明，反应特别快，于是出口的速度往往快于脑袋，一旦失去觉察口业就出去了。现在从聪明要转化为智慧，觉察自己在说什么，觉察自己在做什么，觉察自己在想什么，觉察自己在哪个维次看事物，觉察自己活在什么层次。

最可怕的这些语言不是对他人的，第一时间祸害的就是自己，每一句话先流淌过自己的身体，比如《水知道答案》，每天堕落在口业里的人，哪有不苦的？天天自己把自己都催眠得面目全非了。

行深一步：

反者道之动，弱者道之用。口业的反者就是口德，口德决定人的运势。人的一生须练就两项本领：一是说话让人结缘，二是做事让人感动。

说爱的语言，会分泌好的物质，身体会得到疗愈。就像医生，除了药品的知识，要用爱、关怀来交流。

一群青蛙经过急流，其中两只青蛙掉进了河流，一只青蛙想让其他青蛙施救，可是又没法救，它无望了，就这样吧，于是这一只死掉了。而另外一

只没有放弃，一直在努力，最后有一只青蛙跳进河里去救青蛙，青蛙终于跳出河，得救了。大家问那只救人的青蛙："为什么跳下去？"因为这个青蛙是聋子，它以为是让它去救！

要对自己说的话有觉知，你一直强调自己不行，自己不好，你就成功地把自己催眠成功。说出口的话会把别人的能量拿走，让人看不到希望，也可以给到他人能量和希望，拿走他们的限制。现在你对自己说的话有觉察，你说的话可以帮助别人也可以毁了别人，最重要的是对自己说的话：犯了错，我很蠢啊，我不行，我做不到啊等！用积极的语言来替代，你就把自己往上带！

因为传统观念中要谦逊，如自己的儿子称"犬子"，老婆称"拙荆""贱内"，所以到今天演变成越是亲近的人越会被打击。

如，"别人都夸你了，我要再夸你，你还不飞到天上去。"

所以自己要是欣赏自己是多不好意思的事。反之，一个人不能欣赏自己又怎会真正地看到他人的圆满。

就此醒来：

我们说出口的话需要时间才能被忘怀，并不只是伤害身体，还会伤害到性灵！

把钉子钉在木头上，再把钉子拔下，木头上会有孔，恢复不到原样。这就是说出口的话会伤害别人的性灵。所以自己说出口的话要是友善的、是平安的、是快乐的。从身边的人开始，去承认他们，关注他们，放下他们的缺点，焦点放在他们正向的上面，这就是觉知。你说的话不是把人拽下去，而是带给他能量。你对他人的认可，就是觉知。

当你能够明白发现其他人优点，发现每个人内在的美好，对自己说的每一句话都有觉察，就能看到爱，连接到爱。实相是完美的，只有脑袋是评判的、挑剔的。

对今天所说的话成为宇宙的话，从爱和快乐的语言开始。每个人都会给这个世界带来平安和爱，种下正向的语言种子，种出平安、快乐！

今天练习：

学习《万能语言》，学会说有智慧的话，学会对自己所说的话保持觉察！

二十三、一颗钻石卖成不锈钢

以体验入，与智慧合。

今天的主题：一颗钻石卖成不锈钢

我是浙江人，因父亲经商，从小见的都是生意人，很多人做生意能把一分能耐，扩大到十分，甚至扩大到二十倍、五十倍、一百倍。

如，不管有能力没能力，借点钱就能开个公司成为老板。

如，还没赚到钱，先买上奔驰、宝马车，让人觉得有能耐。

就像我大学学的广告设计，把一个普通的产品通过包装设计成高大上的产品，从而提升产品的销量。

而我们大部分，正好反过来，把自己原本钻石的价值，当成不锈钢来用了。我们都是用过去的眼光看自己，尤其身边过于熟悉的人，他们依然停留在早期的时空，"我还不知道她？听她演讲还不如听我讲。""过去她有什么能耐？"往往这些结论不是别人给的，都是自己给自己的。

如，在公司管理上，老板要在公司建立权威必将会淘汰三批人。第一批，共同创业的。当时老板还没强大起来，员工对老板知根知底，太熟悉了，"我还不知道他"，员工对老板没有敬畏心，老板对员工随意，员工对老板随便，权威就丧失，没有执行力，也就是员工把老板消化了。于是老板就会招第二批人，这时老板已经小有所成，对第二批人就有着影响力，随着公司的扩大，

员工对老板开始熟悉，看着老板怎么发展的，员工又把老板消化了一部分，旧有的机制也很难更新，于是就有第三批员工出现。直到三批后，新的机制形成，员工见到的是已经成型的老板，普通的人已经很难消化老板，这时候老板的权威才开始真正建立起来。

而"小我"的运作机制，其中一点就是：我不够好。这个"小我"不清晰的意识，就会把钻石变成不锈钢，它会让你看不清自己，心理学的语言称之为：开发潜意识。

有段时期非洲，发现很多钻石，于是很多人买下土地，去找钻石。有个农夫他也想这么做，于是卖掉了自己的土地，用这笔钱买下别人说会有钻石的矿，开始去挖钻石。日子一天天过去，他什么也没找到，于是破产了。他原来旧土地卖给了另一个农夫，另一个农夫在这块土地上发现了最大颗的岩石。岩石很坚硬，根本弄不破，这就是最大的钻石。

世界上最大的钻石等待着你去发现，远超于你所想象的，如果我们不去探寻我们内在所拥有的，我们就丧失了找到内在的钻石的机会，这些生命中成功的人，是有勇气去探索自己内在的人。没有人能拥有宇宙给你的礼物。只有勇敢的人才足够有力量，往内看，去看到，去寻找到钻石，像太阳般的闪耀，用爱去投射每个人。

我怎么才能知道自己内在是否有钻石？今天安静下来，为自己花点时间，问问自己：我喜欢什么？我要体验什么？最想去做的是什么？去探索你的土地，可能宝藏看上去不起眼，不要觉得什么都没有，继续去探索，做你喜欢的享受的事情。随着年龄的增长，我们都只是为了找份好工作，但是当你在关注你想做什么，你喜欢做什么，你终将发现你内在的钻石。

过去我从没有想过我会站在舞台上去演讲，甚至不相信自己能成为一名讲师，那是遥不可及的事。一个拿着话筒就会发抖的人，怎么可能成为一名讲师呢？如果不是遇见志一老师，我想我这一生都不会有这个念头。

后来我一直说道禾不是教会你什么，道禾是一把钥匙，用来打开你内在原本拥有的宝藏。道禾是转化器，把你过去的知识和经历都转化为智慧。

这个体会就是来自志一老师身上独特的魅力，他用他的慧眼看到了一个人的本质，启动了我的天赋，打开了我演讲、财富、管理上的成就。这些天赋通过训练、通过实践、通过挫败、通过验证，一次一次被显现出来。同理，我们为什么不自己用一双慧眼去打开自己呢？在公司全体同事参加"指挥官"的西点军校式的训练中，他们一直在说："你远比你想象的要更优秀。"

是的，我们远比自己想象中的更加优秀，因为我们受制于过去的经历。因为我们不愿意相信自己，甚至我们给到自己一个懒惰的理由；因为害怕，放弃尝试；因为挫折，我们逃避；因为不行所以我们有了不用去付出的理由；因为做不到，我们就骗自己不喜欢。今天我们也要淘汰过去的看法，过去的认知，用未来的眼光看待今天，重新定义你是个什么样的人，先成为，再行为，然后作为。

今天我们打开慧眼，重新审视自己，重新看待自己，我值得什么？我的钻石是什么？我将如何让钻石显现出来？

二十四、对钱的感觉

以体验入，与智慧合。
今天的主题：对钱的感觉

大部分人很难走出财富困境，人只能在其对钱认识的格局之内赚钱，人对钱认识的格局决定了人这一生掌控钱的数目。对钱的认识不进化，没有钱的将会永远没有，已经拥有的钱也会逐渐失去。

你如何看待这个世界，这个世界就会不断适应和调整你所看到的。你如何看待财富，财富就如何印证你所看到的。

正确观点法则，即你的观点是什么，你的看法是什么，你的现实就是什么。如果你对宇宙的看法是宇宙是机械性的、无生命的，宇宙对你而言就是如此。另一方面，如果你的看法是宇宙是个活生生的、万物有灵的实体，你就进入了可能性的世界中。你确实活在一个回应你的宇宙中。

如果你的看法是："由于金融危机，财务丰盛是不可能的。"于是你就会体验到匮乏的结果。如果你持有负面的看法，认为时机是不好的，世界对你而言是危险与不安全的，你就会紧张、不快乐，从而在生命中显化为有问题的情况。此外，如果你的看法是丰盛无所不在，那么无论外在环境如何，你都会找到属于自己的宝藏。

伟大的领导者都拥有伟大的看法，因此创造出卓越的现实。一杯水可以被视为是半满的或是半空的，看你持哪一种看法。

有一个老人原本靠在街上卖饼为生，他的生意做得很好，提供给他足够的钱租间店铺，一段时间之后，他的店铺生意很兴隆，于是他开了连锁店铺，也雇用了几个人，财富照耀在他身上，一切都很好。后来，他的儿子大学毕业回来了。他说："爸爸，你不知道现在世界上发生了什么吗？经济萧条啊！"父亲问道："儿子啊，经济萧条是什么啊？"儿子便开始解释人们如何失去工作，如何生意失败，生活陷入困境中等。于是老人遵循儿子的建议削减开支，老人制作降低品质的产品，以节省开支。随着品质的下降，销售也下降了，于是老人关掉了几间店铺。随着现金流的减少，他越觉得儿子的建议很对，又进一步将品质降低。顾客越不高兴，就有越多的店铺关闭。最后，老人只剩下微薄的业务生意，他还很骄傲地对邻居说："我儿子是对的，世界确实在萧条中。"

这故事并不是建议你忽略周遭发生的事情，而是提醒你要拥有智慧，要意识到你的情绪取决于你的看法，你的决定取决于你的看法，你的行动取决于你的看法，你的命运当然也是。

行深一步：

我在《财富突围》课堂中开篇第一句话便是："此生决定你拥有多少财富，取决于你和财富关系的关系。就像其他的事物一样，金钱是能量的一种形式，会受到与它本身相似的能量所吸引。你与任何事物的关系，决定了你有多吸引或排斥那个事物。"

同样的钱，在不同人的手里，就会有不同的相出现。所以，拥有一份与钱的健康关系，要知道钱是重要的，重视它，但是不要执着于它。你珍视金钱，但是不执着于它。

你赚钱的动机是至关重要的。如果你赚钱的动机是来自于恐惧、愤怒或需要证明自己，那么金钱永远不会为你带来快乐。愤怒与需要证明自己也是恐惧的形式，这是你觉得自己缺乏某些事物，因此需要去争取它的状态，这是来自于恐惧的意图与行动。反之，出自于爱的意图与行动才是完整的，才能带给你喜悦丰盛的状态。

落地使用：

像有钱人一样活着。很多人学完财富，开始正向思维，我要拥有钱，我喜欢钱，这还是很难，因为潜意识并没有收到，所以结果还是很难改变。

既然有正向思维就会有负向思维相伴随，所以我们要做的不是正向思考，而是拿到正向的感觉，这就是为什么在财富课堂中有大量练习，练习就是通过身体进入感觉，让自己已经"成为"的感觉。

如，你恐惧舞台，一上台就紧张，那么在家里可以训练，想象面前有500人在听你演讲的场景，深呼吸，改变你的站姿，双脚像大树一样扎根，

气沉丹田，改变拿话筒的姿势，保持重心，像志一老师那样具有从容的气势。持续 15 分钟，再重复 7 次（即 7 天，当然时间越久越自然）。这就是训练已经"成为"的感觉。如果你想要的是钱，也很简单，你必须像个百万富翁般坐着、走路、说话，因为当你有感觉时，头脑就不会质疑，负面性就会被摧毁，而新的程式会嵌入。这一切都不是透过道理进行的。是的，像有钱人一样活出有钱的感觉。

如，还在生存阶段的人，每一次花钱都要强化丰盛感，如果一花钱就不够，一花钱就欠债，这会进入恶性循环，要么不花，花就要花出大气感、丰盛感。即便你今天还在负债，也不适合每个月把所有的钱拿去还债，而应合理安排，比如一部分用于还债，并告诉对方，我愿意承担责任。另外，保留一部分让自己避免匮乏的感觉，才能走出困境。

就此明了：
身体比头脑更智慧。头脑会自我欺骗，感觉才会让你达成，进入感觉，直接成为。

二十五、好人是如何变成坏人的

以体验入，与智慧合。
今天的主题：好人是如何变成坏人的
答案：当一个人开始觉得不公平的时候。
电视连续剧《延禧攻略》中的太监袁春望，一直以为自己是雍正流落人间的皇子，所以一直想寻回身份，没想到被逼成太监，一生都活在恨中，报复中。而结局是他根本不是皇子，直接疯了。人生就是这样，假如他不当自己是皇子，他不会觉得不公平，做的选择也不会这么极端。

我有个亲戚，很有钱，企业做得很大，有两个儿子。自从两个儿子结婚后，两兄弟就开始明争暗斗，开始筹谋家产，哪怕这个产业不是自己喜欢的，

也依然耗在家族企业里。当时听到他们的事，觉得人的思维真是太有欺骗性了，如果这个父亲只是个农民，那么两个儿子就会自己去创业，甚至还会给父母养老，哪里还有今天父与子、兄与弟的争斗？

有兄弟姐妹三个人，听他们的演讲很有意思。哥哥演讲的时候说，父母偏心，一直不肯原谅父母，在他只有三岁的时候，妹妹、弟弟出生，父母就把他送到别人家里寄养，以至于他活得很匮乏，所以哥哥一生都活在证明中。妹妹演讲说，家里重男轻女，父母眼里只有儿子，没有她的存在，总是被冤枉，所以姐姐早恋，很早就离开了家。而弟弟演讲说，小时候父母把他关在家里，他要跟着出门，妈妈就把他的头按进水桶里，他哥哥经常揍打他，于是他就去学武，走上一条以武为生的路。这三个人都觉得父母偏心，生活不公平，不知道父母到底偏了谁？

行深一步：
什么是公平？无论我们走到哪里，都会有不公平，因为我们一直在比较中。
不公平本是常态，每个人的父母不一样，成长环境不一样，本身就不公平。
我想每个人都有过不公平的经历，差别在于有人掉进不公平里，开始怨恨、愤怒，变得防卫、怀疑，甚至变成了自己怨恨的那个人。而有人即便遇到不公平，也没有觉得不公平，把阻力变成成长的动力，依然保持美好的天性，不会因为一个人、一件事而改变自己的命运。

前段时间有人发微信问我，为什么其他人都进入了道禾公司的管理群，而她没有进？我的回答是："你问的这个问题就是你没能进入管理群的原因。"这个人问的问题背后就有不公平的感觉，今天这一点儿事情就觉得愤愤不平，明天面对市场、面对客户，问题有很多，学不会自我调整，只会带来负能量。

有些人，为什么都听不到实话了？因为你太脆弱了，别人不敢讲。一讲实话你就陷入自我评判中，掉进情绪里出不来，谁还能和你说实话，你的内心太脆弱了。前天见到财神汇的一个学员，她在一家公司做高管，大家说她做错了一个决定，她立刻一脸纠结地反驳："我没错，我都是按公司规定来

执行，不要把错误都推到我身上。"我和她单独聊天，我问她："你不能错吗？"那一刻不管有错没错，她要是认了，我倒是佩服她，说明她心胸大了，受得了委屈。我说："我们根本不需要计较那一刻的对错，而是接下来我要什么结果，该如何去做，怎么调整，怎么去避免同样的问题。"做为管理者，本身就是要比别人承担得更多，你要享受多大的荣耀就承担多大的责任，如果你都跟普通员工一样，人家凭什么听你的？

当我们只看到对错，95%的能量就被耗掉，树叶会脱落，我们只管向上生长。

上升一维：

不公平的背后是什么？

如，一家庭妇女，一天她买了一件衣服，之后习惯性地跟邻居炫耀，却发现同样的衣服邻居比她少花了20元钱，于是她耿耿于怀数天。这人的格局就值20元钱了。

又如，有一个乞丐，整天在街上乞讨，对路上衣着光鲜的人毫无感觉，却嫉妒比自己乞讨得多的乞丐，这人估计一直就是个乞丐。

当心生不公平的念头，就意味着当下心胸、格局在变小。所谓的格局就是你当下面对这个让你觉得不舒服的人，这个让你生气、让你愤怒的人就是你的格局。你为了20元生气，你就是20元的高度。

当我们因为不公平难受、痛苦，无非是我们能量还不够，能力还不够。一个孩子过来打你一下，骂你几句，你会难受吗？世界本不公平，但不公平不是不努力、不成长的理由！

就此明了：

胸怀是被不公平撑大的，胸怀是被冤枉垫起来的，胸怀是被问题叠起来的。过不去的就是命运，走过去的就是传奇。

志一老师说："对于一个好人最大的报应就是让他一辈子都是好人。这个时代是好人好报来临的时候了。成为一辈子都是好人的条件就是学会"装"。装委屈、装牺牲、装荣耀、装下更多人。你能装下多少人，就能影响多少人，

你就能成多大的事。"

二十六、帮人需要智慧

以体验入，与智慧合
今天的主题是：帮人需要智慧

有一个乞丐非常羡慕佛堂里的菩萨，每天什么都不用干，坐在那里一动不动，还有无数人来供奉。

有一天，菩萨要去参加王母娘娘的宴会，便对乞丐说："既然你这么羡慕我的位置，那就由你来替我工作一天吧，但是有个要求，就是无论发生什么，你都不能开口说话。"

乞丐很兴奋，说："没问题，没问题，我保证不说话。"

就这样菩萨走了，乞丐替菩萨坐到了供桌上。这天来了个富人，富人跪下求菩萨："菩萨啊，请保佑我招财进宝，大富大贵。"说完拜了三拜，起身就走了。就在富人起身的那一刻，他的钱袋子掉到了地上。接着来了个穷人，也跪在蒲团垫上，向菩萨祈祷："求求菩萨，给我点钱儿吧，实在是没得吃了，就要饿死了。"一低头看到垫子旁边有个钱袋子，穷人开心急了，认为菩萨显灵了，认为于是拿着钱袋子就走了。

这时候又来了一个打鱼的渔夫，渔夫也向菩萨祈求："求菩萨保我平安，我马上就要出海打鱼，求菩萨保佑。"这时富人急急忙忙地带着官差回来了，一边指着渔夫一边对官差说："就是他，就是他，我刚才就在这里掉了钱袋子，肯定是他偷走了，把他抓走。"

渔夫满脸慌张，说："不是我，不是我，我没偷钱。"

眼看渔夫就要被官差带走，坐在佛堂上面的乞丐急了，心想：怎么能这样呢？不行，我要告诉他们真相。于是他开口说出了真相，富人把穷人找到，把钱要了回来，渔夫也正常出海打鱼了。

一天后，菩萨回来了，乞丐很得意地告诉菩萨："我比你称职多了，今天我干了件好事。"于是他把事情的来龙去脉对菩萨说了。菩萨摇摇头说：

"唉，你都不知道你干了什么，本来穷人拿着钱给家里孩子买吃的，孩子就不会饿死，富人也不差这点儿钱，渔夫被关进监牢里不用出海，今天就不会死在大海的风浪里。"

有时候我们以为是帮了人，却不知道是在害人。

当一个人品行不端，你帮他企业做得越大，他祸害的人就越多。当一个产品不合格，卖得越多，伤害就越多。

如，做兄弟姐妹的，哥哥或姐姐，自己过得好了，也想让弟弟、妹妹都过好，所以什么都帮他们操心，上什么学校，找什么样的工作，买什么样的房子。结果有几种：帮不好的对方不领情，要是过得不如意，怪你帮他做的决定；或是直接把对方成长的空间给剥夺了，成为依赖别人的人，一生都自立不起来。

父母把家产留给孩子，孩子不知道进取，成为用来炫耀的资本，高不成低不就，平常花钱大手大脚，小钱看不上，大钱没能力，彻底把孩子害了。

有人抱怨，我经常帮人，怎么帮到后来都成了仇人，甚至借钱的时候都是朋友，要钱的时候都是仇人。

这些是经常发生在我们身边的事，不是对方不知道感恩，不是对方没良心，这是人性，说明你不懂人性，没智慧。

行深一步：

帮人没有问题，得问问自己，出于什么动机帮人，你帮人的背后是什么，是证明你行？还是借由帮来操控对方？还是不好意思拒绝？一般家里老大帮家人，是无形中承担了父母的责任。你会对兄弟姐妹有一份期待，你只要出于期待，必然会有失望，有的还到处说自己付出了多少多少，被帮的人心里就会不舒服。

上升一维：

我要如何帮才能帮得有智慧？

第一，帮在道上，这件事是符合宇宙的发展规律，不违背道德。

第二，只要自己真想帮的就放下期待，不要期望对方做什么，帮是你的事，至于结果那是老天的事，你有你的命，他们有他们的命运。

第三，帮人有很多时候是要付出代价的，这个代价是否承受得起，一旦承受不起，对方又不懂感恩，最后受伤的、抱怨的还是自己。

第四，帮的同时让对方也要付出，让对方也做一些力所能及的事，这样对方内心就会获得平衡，关系才会持久，对方也能自立起来。

如：你长期请一个人吃饭，而对方从来没有机会付出，对方就会离你而去。适当地让对方也有付出的机会。

超出自己能力范围的，学会拒绝。为了面子而付出的代价叫活该。

就此明了：

区分帮与被帮的概念：帮是获得能量，被帮是消耗你的能量。只要你帮人，你发现你就有力量，你在对方面前就有自信。每次都是别人帮你，你见到对方只会无力，对方能量就高于你。能够帮别人也印证了你的有，你有你才能帮，帮的人越多，你就越有能量，就越自信。同时想要和一个人产生连接，就让对方有帮你的机会，帮与被帮就产生能量互生。

落地使用：

最好的帮，就是让对方立起来，帮助对方成长智慧，帮助对方拥有独立的人格，帮助对方成为自己，同时放下期待。想要让自己最快的速度自立起来，让自己充满能量，那就去帮助更多的人吧！

你今天有帮助身边的人走进《万能语言》了吗？

二十七、今天是我生命中最美好的一天

以体验入，与智慧合。

今天的主题：今天是我生命中最美好的一天

今天是我生命中最美好的一天，如果你也说同样的话，你也将创造出美

好的一天。听到这句话，很多人把它当成了心灵鸡汤，曾经我也是，后来慢慢体会到这句话背后有玄机。

为什么我们总是在重复过去的命运？每天眼睛一睁开，延续的都是昨天的思维，昨天的信念，昨天的不可能，昨天的结果。

有人问一个小女孩："孩子，你想要什么呢？"

小女孩回答："我要独角兽。"

那人说："来点真实的。"

小女孩说："独角兽就是真实的呀。"

那人继续问："你看到过吗？"

小女孩："没有看到过，但我知道是有的。"

那人说："我从来没见过。"

小女孩说："你没见过，你也不能否认它不存在啊！"

小女孩相信魔力，她的世界是没有限制的，当我们长大，大家总是说现实点。这个现实点就限制了我们，赚钱很难，身体不够好，没有很好的关系，这些都是限制我们的一切可能性。

我们就这样延续了昨天的命运，我们无法改变，无法跳脱出来，活得越来越没有可能。而当我们说今天是我生命中最美好的一天，意思是说，过去只限于过去，昨天只限于昨天，过去不可能，不代表今天不可能，过去做不到，不代表今天不能实现，明白昨天与今天无关，所有的信念都属于过去，每个限制的信念都属于过去，今天是一个全新无限可能的开始。

昨天没有做到，代表是过去，今天是今天，今天有机会全新的创造。你所要做的是关注于今天。今天是生命中最美好的一天，每一件事都是最佳的运转。

二十八、不同阶段不同状态

以体验入，与智慧合。
今天的主题：不同阶段不同状态

　　人生分不同阶段，第一阶段是生存阶段，能够活下去；第二阶段是生活阶段，能够过得好；第三阶段是生命层次，有更高的精神追求；最后是灵魂的解脱过程。不同阶段，不同的状态，对生活有不同的理解，

　　生活需要目标，生命不需要目标。生活有对错，生命没有对错。生活需要打败挫折，生命只是经历了不同的体验。很多时候，不是同一层次的问题放在一起才会成问题。

　　如，二十岁的年轻人需要有野心，朝气蓬勃，需要拼搏，追求梦想，一个人吃饱全家不饿，无后顾之忧，大胆去经历，去尝试，经历后开始体悟到智慧，建立自我。可怕的是太年轻就成功，让其在心智不足够成熟的情况下接受人生的巅峰，也必定没有足够的心理承受能力去接受失败。所以这个阶段要多尝试，多经历，多沉淀，完善自我。

　　三十岁的人生需要有事业心，释放自我。状态与思维都是顶峰的时候，创造力、理解力、执行力都是最佳。这个时候有了一定的经历，有了家庭，需要承担家庭责任，需要承担社会责任。还要去平衡人生，欲望和良知的平衡，健康与事业的平衡，家庭与工作的平衡！
　　四十岁以后需要有愿心，没有愿心，变得孤高且虚华，将失去自我存在的实际价值。四十岁的人经历有了，心胸大了，沉稳有度，很多事不那么较真了，沉淀下来了，心中将装下更多人，有同理心，更愿意去付出，明白人生无常，开始显现智慧，追求心灵的平安。

在学习上也是分不同层次的学。学到的东西能够归类，有的是属于生存阶段的能力学习，有的是人性研究的生活阶段，有的是提升境界的生命阶段，把所学的混在一起，很容易产生矛盾，越学越糊涂。

行深一步：

对于钱，不同的阶段需要不同的对待，因时因地，顺势而为。

如，以老板为例，对于钱，有三个阶段：

对钱认识第一个阶段：挣钱阶段。

处于"挣钱"这个阶段的老板非常好辨别，这个阶段的公司基本上都是刚刚开始创业。"挣"字是提手旁一个"争"字，就是靠力气来和别人争才能赚到钱。如果你想在短期内赚到钱就不要去这样的公司，因为这个时候公司当家人对钱的认识是非常的节省。

这是因为这个阶段挣钱非常难，老板恨不得把钱掰开两半来用，这个习惯形成后的最大坏处是，他不仅仅对自己吝啬，对其员工也吝啬。自己出去吃饭一个菜能吃饱，绝对不会点两个，住宾馆能住快捷的绝对不住星级的。

这个阶段挣钱真的是很难，省下的就是挣的。所以，这个阶段的公司老板都很抠，员工也都知道在这里干，短期内是赚不到钱。所以，员工大部分都是亲戚、朋友、有情怀和有梦想的。

但是，如果你梦想将来成为股东，成为公司的核心团队之一，就必须要来到这样的公司先忍受不赚钱。任何有潜力的公司都有最弱小的时候，只有在最弱小的时候进入你才有机会。

对钱认识的第二个阶段：来钱阶段。

这个阶段是公司完成了原始资本积累，进入正常的发展轨道。公司的商业模式也已经非常清晰，接下来的工作就是不断复制再复制。

通常情况下，大部分人都会进入到这样的公司，但是进入到和钱发生关系的第二阶段"来钱"的时候，如果老板还停留在对钱的认识是第一阶段，

就非常危险了。

我们不得不遗憾地看到，有些老板因为对钱认识的格局没有改变，因为省惯了，不仅对自己很抠，对员工更抠。是想尽办法来阻止员工赚到钱，他们在这方面和员工形成博弈，甚至是对立。从人性上说，这个时期是最能看明白老板的格局和发展趋势的。当一个公司只有两个员工的时候，老板怎么大方都是有限的，而当企业上百人，上千人，上万人时，一个员工多发1000元，那就是几千万，这时候老板的格局立即显现。

任何一个企业的职工，百分之九十以上，不会因为工作累，而不去努力工作。他们不去努力工作的一个原因是因为没有得到应有的报酬和尊重。老板凭什么让员工去追随，是因为老板懂得分享，懂得向员工分享公司发展的成果。有人说，员工现在丝毫没有忠诚度，作为老板要检视一下自己，凭什么大家去追随你？

对钱认识的第三个阶段：实现梦想的工具。

很多人把"钱"当作人生的目标，这足以说明你对钱认识的格局不够。到这个阶段，钱其实是实现目标和梦想的工具。

金钱最重要的使命就是被使用。

越是愿意把钱花在最有价值的地方，越是有德行的人，越能掌控更多的财富，这也是财富自由人士的财富密码。

就此明了：

人贵有自知之明，明了层次，知己者智，与时俱进，各个方面同步升级。

结束语：以上28篇体验供大家参考，每天都有不同的经历，在经历中感受到体验，去看到体验的背后是什么，背后的背后又是什么，最后能够明了，明了事物的真相，活出自在、喜悦的人生。